Norbert Jung | Harry Luck

111 Orte im und am Bamberger Dom, die man gesehen haben muss

Mit Fotografien von Dominik Schreiner

111

emons:

Bibliografische Information der Deutschen Nationalbibliothek
Die Deutsche Nationalbibliothek verzeichnet diese Publikation in der Deutschen Nationalbibliografie; detaillierte bibliografische Daten sind im Internet über http://dnb.d-nb.de abrufbar.

FSC www.fsc.org MIX Papier | Fördert gute Waldnutzung FSC® C083411

Dieses Werk wurde vermittelt durch die Literaturagentur Kai Gathemann, München.
Layout: Editorial Design & Artdirection, Conny Laue, Bochum, nach einem Konzept von Lübbeke | Naumann | Thoben
Kartografie: altancicek.design, www.altancicek.de
Kartenbasisinformationen aus Openstreetmap,

Druck und Bindung: CPI – Clausen & Bosse, Leck
Printed in Germany 2023
ISBN 978-3-7408-1746-6

Vorwort

111 Orte soll es im und am Bamberger Dom geben, die man gesehen haben muss! Das klingt zunächst unglaublich. Doch wenn man sich mit offenen Augen im Dom umsieht, findet man buchstäblich in jeder Ecke Sehenswertes. Das habe ich selbst immer wieder erlebt in den 20 Jahren, in denen ich als Erzbischof von Bamberg im Dom »zu Hause sein« durfte.

Das Wort »Dom« kommt vom lateinischen »domus«, was Haus bedeutet. Der Dom ist Haus Gottes und Haus der Menschen. Seit über 1.000 Jahren ist er in Blickfang der Bamberger Altstadt und Zentrum des Weltkulturerbes. Er ist Bischofs-, Domkapitels- und Pfarrkirche. Er ist Ort der Begegnung der Menschen mit Gott und miteinander im Gebet und in den Gottesdiensten. Er ist Attraktion für Touristen und Kunstfreunde, die Bamberg besuchen. Er enthält wertvolle und weltweit bekannte Kunstwerke. Jede Generation hat den Dom renoviert, umgebaut und neue Kunstwerke hinzugefügt. Überall erzählen Gegenstände und Orte von der Geschichte und laden zu einer Zeitreise bis zurück ins Jahr 1012 ein. Vor allem aber ist der Dom mit seinen vier Türmen ein Wegweiser zum Himmel und zu Gott. »Dem Himmel entgegen« lautete das Motto zum 1.000-jährigen Domjubiläum im Jahr 2012! Er ist ein Haus Gottes aus lebendigen Steinen. Ich habe den Dom im Laufe der Jahre immer besser kennen- und verstehen gelernt. Auch nach 20 Jahren entdecke ich Neues.

Ich lade Sie ein, mit den Texten von Domkapitular Dr. Norbert Jung und Harry Luck sowie den Bildern von Dominik Schreiner den Bamberger Dom zu entdecken. Wenn Sie lange genug suchen, finden Sie vielleicht noch mehr als 111 Orte, die man gesehen haben muss. Viel Freude und Erfolg dabei. Den Autoren und dem Fotografen vielen Dank und große Anerkennung für dieses anregende Buch zum Bamberger Dom.

Dr. Ludwig Schick

Erzbischof emeritus von Bamberg

111 Orte

1 Die Adamspforte

Die ersten Nackten seit der Antike

Die Adamspforte im südlichen Ostturm ist der älteste Zugang zum Dom und war früher der Haupteingang. Sie war ursprünglich sehr schlicht gestaltet und wurde erst später mit den sechs Sandsteinfiguren geschmückt. Auf der linken Seite steht der heilige Stephanus, der erste christliche Märtyrer, mit dem Kaiserpaar Kunigunde und Heinrich. Kunigunde hält ein Modell der von ihr gestifteten Stephanskirche in der Hand, die heute die evangelische Pfarrkirche der Altstadt ist. Auf der gegenüberliegenden Seite ist mit einem Kreuz in der Hand der Apostel Petrus zu sehen, sozusagen der »erste Papst« und einer der Patrone des Doms, daneben Adam und Eva, die nur mit einem Lendenschurz aus Blättern bekleidet sind. Es handelt sich hierbei um die ersten lebensgroßen Aktdarstellungen seit der Antike auf deutschem Boden – ihnen verdankt das Portal den Namen »Adamspforte«.

Ein kleines Detail, das leicht übersehen wird, verdient besondere Beachtung: Kaiser Heinrich ist mit einem etwas verkürzten linken Bein dargestellt, was durch eine kleine Steinplatte in Form eines Kissens ausgeglichen wird. Dabei handelt es sich möglicherweise um die künstlerische Umsetzung einer Erzählung aus dem Mittelalter. In dieser heißt es, dem Herrscher sei der heilige Michael erschienen. Der Erzengel habe ihn dabei - in Anlehnung an den in der Bibel geschilderten Kampf Jakobs am Jabbok - am Oberschenkel berührt. Von da an habe der Kaiser gehinkt.

In dieser Geschichte spiegelt sich die zur Zeit der Bistumsgründung blühende Verehrung des heiligen Michael wider, dem damals auch das Kloster auf dem Michelsberg geweiht wurde.

Die Originalfiguren aus der Zeit nach 1225 befinden sich seit 1937 im Kreuzgang des benachbarten Diözesanmuseums und wurden ab 2002 anlässlich des 1.000. Jubiläums der Krönung Heinrichs zum König nach und nach durch Kopien ersetzt.

2 Die Alte Hofhaltung

Wo Kunigunde über glühende Pflugscharen ging

Auf der Nordseite des Doms befindet sich die sogenannte Alte Hofhaltung, ehedem Wohnort der Bischöfe, in dessen Kern noch Mauern der früheren kaiserlichen Pfalz zu finden sind. Deren Hauptgebäude bildete zusammen mit dem Querhaus des Heinrichsdoms eine Flucht und fand seine Fortsetzung südlich davon in der Domherrensepultur, der heutigen Nagelkapelle. Im Wohnturm der Hohen Warte befand sich die Thomaskapelle, die 1020 Papst Benedikt VIII. eingeweiht hat. Der Gebäudekomplex wurde im Spätmittelalter immer mehr erweitert und setzt seit dem 16. Jahrhundert mit dem Renaissancebau der Neuen Ratsstube einen reizvollen Akzent zum Domplatz hin. Dort befindet sich heute das Historische Museum der Stadt, im Innenhof finden Open-Air-Theateraufführungen statt.

An der südöstlichen Ecke des Gebäudekomplexes kann man eine eigenartige Ausbuchtung erkennen, die bei genauerem Hinsehen aus dreieinhalb Seiten eines Achtecks besteht. An dieser Stelle stand ab etwa 1050 die Andreaskapelle, die in Anlehnung an andere kaiserliche Pfalzkapellen – man denke nur an den Aachener Dom – achteckig und doppelstöckig ausgeführt war, bis sie im 18. Jahrhundert dem Straßenbau zum Opfer fiel.

Der Legende nach fand hier die Pflugscharprobe Kunigundes statt. Demnach waren dem Kaiser Gerüchte zu Ohren gekommen, seine Frau sei ihm untreu. Um ihre Unschuld zu beweisen, habe sie in einem Gottesurteil über glühende Pflugscharen gehen müssen, was die Königin unbeschadet überstand. Auch wenn diese Geschichte in das Reich der Legenden gehört – es ist ausgeschlossen, dass eine Königin sich einer solchen Prozedur hätte unterwerfen müssen –, ist sie doch ein narrativer Hinweis auf die marienähnliche Verehrung, die Kunigunde in Bamberg genoss: Man sah keinen Widerspruch darin, die Ehefrau Heinrichs als Jungfrau anzusprechen, hatte sie doch im wahrsten Sinn des Wortes ihre Unschuld bewiesen.

3 Der Ambo

Von oben herab »abkanzeln« gilt nicht mehr

Der Ambo, also das Lesepult neben dem Hauptaltar, findet sich erst seit der Liturgiereform vor 50 Jahren in katholischen Gotteshäusern. Er kann als eine Frucht des Zweiten Vatikanischen Konzils (1962–1965) angesehen werden, das einen solchen »Tisch des Wortes« für den Gottesdienst vorgeschrieben hat, während bis dahin die biblischen Lesungen am Altar stattfanden und die Predigt ihren Ort auf der Kanzel hatte. Damit sollte die Rolle der Heiligen Schrift (des Wortes) im katholischen Gottesdienst gegenüber der Mahlfeier gestärkt werden, was durchaus als Ausdruck einer ökumenischen Bewegung hin zu den Kirchen der Reformation gewertet werden kann.

Um die Wertschätzung des Wortes Gottes auch sinnfällig zum Ausdruck zu bringen, ist es vorgesehen, dass der Ambo aus dem gleichen wertvollen Material wie der Altar besteht und ebenso künstlerisch gestaltet werden soll. Das ist im Bamberger Dom der Fall, beide wurden vom Bildhauer Klaus Backmund entworfen und in Bronze ausgeführt. Der erste Ambo aus den 70er Jahren war mit dem Lamm Gottes und den vier Evangelistensymbolen geziert und befindet sich heute in der Ostkrypta. Der neue Ambo aus dem Jahr 2003 bietet zusätzlich die Möglichkeit, das Evangelium, also die Bibelstelle, die in der Messe verlesen wird, nach der Lesung sichtbar für alle Gläubigen auszustellen und somit das Gotteswort im Gottesdienst und im Kirchenraum noch präsenter zu halten.

Thematisch griff Backmund bei der Neugestaltung des Lesepults die Begegnung Jesu mit Nikodemus auf, wie sie im dritten Kapitel des Johannesevangeliums geschildert wird. Das hat durchaus seinen Hintersinn: Sowohl die Verkündigung des Wortes Gottes als auch die Predigt sollen heute nicht mehr »von oben herab« erfolgen, sondern werden vielmehr als dialogisches Geschehen auf Augenhöhe begriffen, ganz ähnlich wie sich Jesus damals mit den Schriftgelehrten von Mensch zu Mensch über den Glauben unterhielt.

4 Die Andreaskapelle

Einziges Beispiel mittelalterlicher Glasmalerei am Dom

Im Laufe des Mittelalters kamen zu den ursprünglich gestifteten Altären und Gottesdiensten immer mehr hinzu, sodass der Platz im Kirchenschiff selbst kaum mehr ausreichte. Bischof Albrecht von Wertheim (Amtszeit 1398–1421) musste daher anbauen, als er 1412 die Andreaskapelle stiften wollte, die sich über dem Kreuzgang befindet und mit der Nagelkapelle durch ein Fenster verbunden ist (zugänglich ab 2025). Geweiht wurde sie 1414 dem heiligen Apostel Andreas sowie den böhmischen Nationalheiligen Wenzel und Sigismund. Die Weihe nahm der Weihbischof vor, da Albrecht selbst nie die Bischofsweihe empfangen hat. Der Schlussstein des gotischen Raumes ist mit dem Wappen Albrechts geziert.

Eine entsprechende Ikonografie findet sich im Glasfenster, das ehedem die Ostwand der Kapelle einnahm und heute im Diözesanmuseum gezeigt wird, da die Kapelle selbst nicht zugänglich ist. Es nahm die Stelle des Altarretabels ein und zeigt neben den Diözesanpatronen Heinrich und Kunigunde die Heiligen Maria, Andreas, Wenzel und Sigismund sowie den Stifter und sein Wappen. Es handelt sich dabei um die einzigen erhalten gebliebenen Reste der Farbverglasung des mittelalterlichen Doms, die nach einer Odyssee der Einzelteile wieder für den Dom zurückgewonnen werden konnten.

Der kleine Gottesdienstraum selbst wurde um 1600 nach niederländischen Stichvorlagen im Stil der Barockzeit mit Fresken ausgemalt, die Büsten der Apostel, die Evangelisten, Kirchenväter sowie dieselben Heiligen wie das Glasfenster zeigen: Heinrich und Kunigunde, Maria, Wenzel und Sigismund. Auch eine Kreuzigungsszene sowie die Auferstehung zieren den ehemals reich bemalten Innenraum. Wie durch ein Wunder entgingen die gleichwohl stark beschädigten Malereien der Purifikation des 19. Jahrhunderts, wohl deswegen, weil seit dem Jahr 1767 keine Gottesdienste mehr in der Kapelle gefeiert wurden.

5 Anton von Rotenhan

Der Bischof im Clinch mit seiner Stadt

Anders als in anderen Bischofsstädten, in denen ein Dom steht, wie zum Beispiel Augsburg, Köln oder Speyer, gelang es den Bambergern nie, die Herrschaft des Bischofs über ihre Stadt abzuschütteln, jedenfalls nicht vor den Umwälzungen durch die Französische Revolution. Eine ständige Quelle von Auseinandersetzungen und Streit waren auch die Sonderrechte der Bewohner von fünf Bezirken um die geistlichen Stifte Dom, St. Stephan, St. Jakob, St. Gangolf sowie Kloster Michelsberg, die Steuerfreiheit genossen und eigenen Gerichten unterstellt waren. Zudem ging es um die Finanzierung einer Stadtbefestigung.

Als König Sigismund 1431, dem Jahr der Wahl Bischof Rotenhans, in einer »Goldenen Bulle« den Forderungen der Stadt entgegenkam, legte das Domkapitel dagegen Berufung ein. Bischof Anton stand aufseiten der kirchlichen Institutionen und verhängte 1435 im Auftrag des Konzils von Basel Bann und Interdikt über die Stadt, das heißt, er schloss die Gläubigen seiner Bischofsstadt vom Empfang der Sakramente aus und verbot die Abhaltung von Gottesdiensten. Die Bürger reagierten mit einem Volksaufstand und plünderten das Kloster auf dem Michelsberg. Der Bischof versetzte seine Ritter in Alarmbereitschaft. Erst im Jahr 1440 kam es zu einer Verständigung – die Stadt hatte sich nicht durchsetzen können.

Heute ist das Verhältnis zwischen Bischof und Stadt wesentlich entspannter. Der Erzbischof, der Oberbürgermeister und der Landrat treffen sich regelmäßig, um vor allem soziale Anliegen zu besprechen. Und selbstverständlich zahlen die Geistlichen, die in der Stadt wohnen, inzwischen auch ganz normal ihre Steuern wie jeder andere Bürger auch. Eine Stadtmauer wird nicht mehr gebraucht, und sollte der Bischof je wieder die Abhaltung von Gottesdiensten verbieten, würde sich die Aufregung vieler Bamberger darüber inzwischen auch sehr in Grenzen halten.

Anno·dñi·m·cccc·lix·mensis·maii·v·
die·obiit·Reverend' in xpo·pat' et dns·
Antonius·de Rotenhan·Epus·hui' eccl·
Bambergen·cui'·aïa·requies' in pac·

6 Der Apostelabschiedsaltar

Bedeutendes Werk der Spätgotik in der Nagelkapelle

In der Nagelkapelle steht ein spätgotischer Altar, der den Apostelabschied zeigt. Dabei handelt es sich um eine Szene aus den apokryphen, also kirchlich nicht offiziell anerkannten Evangelien über das Leben und Wirken der Apostel nach Tod und Auferstehung Jesu.

Bevor die zwölf Jünger in die Welt hinauszogen, um die Frohe Botschaft von Jesus Christus zu verbreiten, sollen sie noch einmal zusammengekommen sein. Sie verabschieden sich voneinander, treffen die letzten Vorbereitungen für die Reise. In der Mitte ist ein Apostel zu sehen, der eine Wasserflasche füllt und Brot verteilt. Ihren Mienen ist die Trauer des Abschieds abzulesen, doch sie sind gefasst und ruhig angesichts der großen Aufgabe und Verantwortung, die ihnen bevorstehen, und voller Zuversicht, dass Jesus immer noch bei ihnen ist. Die ganze Szenerie spielt vor einer grünen Landschaft mit Burggebäuden.

Entstanden ist der Altar, der auch Bartholomäusaltar genannt wird, um das Jahr 1500. Die farbige Gestaltung entspricht noch weitgehend dem Originalzustand. Gestiftet wurde er vermutlich von der fränkischen Adelsfamilie von Rotenhan und stand ursprünglich in der Nordostecke der heutigen Nagelkapelle. Hier lagen damals die Gräber der Familie Rotenhan, als die Kapelle noch als Grabstätte (Sepultur) genutzt wurde.

Da der Zugang zur Nagelkapelle neben der Sakristei nur für Andacht und Gebet gestattet ist, kann der Apostelabschiedsaltar nur mit frommer Gesinnung betrachtet werden. Öffentlich zugänglich im Historischen Museum in der Alten Hofhaltung ist eine noch bekanntere Darstellung des Apostelabschieds. Auf diesem Gemälde ist dieselbe Szene vor historischer Kulisse der Stadt Bamberg zu sehen. Es handelt sich vermutlich um die älteste gemalte Darstellung der Stadt, sie entstand wahrscheinlich vor 1483, was an baulichen Details der abgebildeten Gebäude erkennbar ist.

7 Das Apsisgemälde

Ein Farbtupfer im kargen Dom

Dass der Innenraum des Doms bis vor 200 Jahren bunt ausgemalt war, ist für heutige Besucher kaum vorstellbar. Bei einem Besuch im Jahr 1828 hatte sich König Ludwig I. derart abfällig über die barocke Gestaltung geäußert und sich einen steinfarbenen Innenraum gewünscht, dass dem Erzbischof und dem Domkapitel keine andere Wahl blieb, als einen aus heutiger Sicht brutalen farblichen Kahlschlag anzuordnen. Erst rund 100 Jahre später verfolgte Weihbischof Adam Senger den Plan, wenn auch nicht den ganzen Dom, so doch zumindest das Deckengewölbe über dem Ostchor farblich zu schmücken, um in der Kahlheit des Gotteshauses einen farbigen Akzent zu setzen. Die erste Idee eines bunten Mosaiks wurde verworfen, ein Fresko war kostengünstiger.

Doch der Plan stieß weit über Bamberg hinaus auf erheblichen Widerstand. Experten befürchteten gar, dies könnte der Start dafür sein, den kompletten Dom wieder bunt zu gestalten. Denkmalpfleger und Heimatschützer schrieben 1925 an den Erzbischof, dass es derzeit keinen Künstler gebe, dem man ein solches Werk zutrauen könne. Man möge doch lieber auf die nächste Generation warten.

Diese Einmischung hielt die Bamberger jedoch nicht davon ab, dem Münchner Kirchenmaler Carl Johann Becker-Gundahl den Auftrag zu erteilen. Doch der 69-Jährige starb kurz darauf, und der Auftrag wurde an seinen 23 Jahre jüngeren Kollegen Karl Caspar weitergegeben, ein Gründungsmitglied der expressionistischen Künstlergruppe Neue Münchener Secession. Weniger als ein Jahr nach Vertragsunterzeichnung war das Gemälde 1928 vollendet. Es zeigt den thronenden Christus als Weltenrichter im violetten Gewand vor einer rötlichen Mandorla mit blauem Hintergrund zwischen den Dompatronen Petrus und Georg. In den Winkeln sind die Symbole der Evangelisten zu sehen. Das farbenfrohe Kunstwerk gibt eine Vorstellung davon, wie bunt der Dom einst gewesen sein muss.

SVM A ET Ω PRINCIPIUM ET FINIS QVI EST ET QVI ERAT ET QVI VENTURUS EST OMNIPOTENS

8_ Der Bamberger Fenstersturz

Napoleons Marschall starb auf mysteriöse Weise

Wenn man sich dem Dom über die Residenzstraße nähert, passiert man rechter Hand eine Tafel mit dem Hinweis auf ein blutiges Ereignis, das sich hier ereignete und als »Bamberger Fenstersturz« in die Geschichtsbücher einging: »Alexander Berthier, der Marschall Napoleons fand hier den Tod durch Sturz aus dem obersten Stockwerke am 1. Juni 1815 Mittags 1 Uhr« ist in verschnörkelten Buchstaben zu lesen.

Berthier wurde 1753 in Versailles geboren und machte eine Bilderbuchkarriere beim französischen Militär als General und Generalstabschef, bevor Napoleon ihn zum Kriegsminister ernannte. Auf den Feldzügen gegen Österreich, Russland und Preußen war er ständiger Begleiter Napoleons. Nach der Absetzung Napoleons wandte er sich König Ludwig XVIII. zu, bei dem er aber bald in Ungnade fiel. Daraufhin zog er sich nach Bamberg in die Neue Residenz zurück, wo seine Frau Prinzessin Marie Elisabeth von Bayern-Birkenfeld lebte, eine Nichte von König Maximilian I. Joseph von Bayern, die Berthier auf Wunsch Napoleons geheiratet hatte.

Warum Berthier am 1. Juni 1815 unweit des Doms aus dem Kaiserappartement in den Tod stürzte, ist bis heute unklar. Unfall, Selbstmord oder Mord gelten als möglich, in manchen Quellen heißt es, dass er von sechs maskierten Männern aus dem Fenster geworfen worden sei. Einig sind sich die detailverliebten Berichte aber darin, dass sich seine Gehirnmasse nach dem Aufprall auf der Straße verteilt habe. Er soll aus dem Fenster die herannahenden russischen Truppen beobachtet haben. Auch von Depressionen ist die Rede und von seiner Verzweiflung, dass er nicht mehr an der Seite Napoleons sein konnte. Fest steht jedenfalls, dass Napoleon 17 Tage nach dem Tod des Marschalls die Schlacht von Waterloo verlor. Berthier gehört zu den 660 Personen, deren Namen auf dem Triumphbogen in Paris verewigt sind.

Alexander Berthier
der Marschall Napoleons
fand hier den Tod
durch Sturz aus dem
obersten Stockwerke am
1. Juni 1815 Mittags 1 Uhr
A. D. 1934

9 Der Bamberger Reiter

Er gibt den Forschern bis heute Rätsel auf

Wer nach dem berühmten Bamberger Reiter fragt und zum Reiterstandbild am Schönleinsplatz geschickt wird, ist auf die wohl älteste Touristenverlade der Domstadt hereingefallen. Denn auch wenn das Prinzregent-Luitpold-Denkmal bis 1979 tatsächlich auf dem Domplatz stand - der echte Domreiter versteckt sich im Innern der Kathedrale. So mancher Besucher muss erst die Domaufsicht fragen, um das bekannte Wahrzeichen der Stadt am Nordpfeiler des Georgenchors zu entdecken.

Die Frage, um wen es sich bei dem gekrönten Reitersmann handeln könnte, muss aber unbeantwortet bleiben. Am häufigsten wird die These vertreten, es sei der heilige König Stephan von Ungarn, der Schwager von Kaiser Heinrich. Doch auch wenn die Krone auf einen König hindeutet und innerhalb einer Kirche gewöhnlich nur Heilige dargestellt werden, bleibt die Wissenschaft den letzten Beweis schuldig. Manche halten den Reiter für eine symbolische Darstellung des Messias, der als Friedenskönig zum Ende der Zeiten wiederkehren wird. Die schönste Deutungsmöglichkeit ist vielleicht, dass es sich um einen der Heiligen Drei Könige handelt, der als einzig erhaltener Teil einer möglicherweise geplanten Skulpturengruppe übrig blieb.

Auch der Schöpfer der Sandsteinfigur aus der ersten Hälfte des 13. Jahrhunderts ist unbekannt. Bekannt ist aber, dass Pferd und Reiter ursprünglich – so wie die ganze Innenausstattung des Doms – bunt bemalt waren: Der Sockel war grün, das Pferd weiß, Kleid und Umhang rot mit Sternen. Die Haare waren dunkel, was den Nazis gar nicht gefallen haben dürfte. Denn sie haben den Reiter als Sinnbild des arischen Deutschen verherrlicht und missbraucht. Einen Eindruck von der Farbgebung gibt eine Playmobil-Figur des Reiters, die zum 1.000. Domjubiläum 2012 erschienen ist. Den Reiter gibt's ansonsten auch als Briefmarke, als Bastelbogen, als Plätzchenausstecher und sogar unter gleichnamigem Titel als Kriminalroman.

10 Die Beweinungsgruppe

Das Kriegergedächtnis im Wandel der Zeit

Gegen Ende des Ersten Weltkriegs plante man, einen Gedenkort für die Gefallenen aus der Dompfarrei zu schaffen. Er sollte zunächst auf der Mensa des Marienaltars im Südquerhaus eingerichtet werden. Theologisch bot sich eine Pietà an, also eine Darstellung der Gottesmutter Maria mit ihrem toten, soeben vom Kreuz abgenommenen Sohn auf dem Schoß, war doch die Stiftung von der Mutter eines gefallenen Soldaten ausgegangen.

Immerhin war auf diese Weise eine militaristische Symbolik abgewehrt, obwohl es der damalige Domkustos Weihbischof Senger in seinen Kriegspredigten häufig an der nötigen Distanz zur Kriegspropaganda hatte fehlen lassen. Der Münchner Bildhauer Georg Busch schuf schließlich eine Beweinungsgruppe, die 1922 auf einem neu geschaffenen Krieger-Gedächtnis-Altar in der Nagelkapelle aufgestellt wurde, versehen mit der biblischen Inschrift: »Hinweg genommen hat der Herr all meine Starken aus meiner Mitte – Darum weine ich und mein Auge ist tränennass ...« (Klgl 1,15). Auf der Wand daneben wurden damals die 117 Namen derer aufgelistet, die – so die Inschrift – »den Heldentod für das Vaterland« gestorben waren.

Zu Beginn der 30er Jahre wurde dieser Gedenkort noch durch zwei Engel mit Inschriften auf den beiden benachbarten Fenstern ergänzt. Bei der letzten Renovierung wurde der Altar abgebaut und die Inschrift an der Wand überstrichen. Das Motiv der Pietà ist zum Motiv der »Beweinung Christi« erweitert worden: Die Gottesmutter betrauert nun zusammen mit Maria Magdalena und dem Jünger Johannes den toten, in ein Leichentuch gehüllten Jesus. In der Tat gibt es bei jedem Krieg vieles zu beweinen, und stets sind unschuldige Opfer zu betrauern. Der »Heldentod für das Vaterland« sollte dabei nicht mehr im Mittelpunkt stehen, vielmehr sollten es alle Christinnen und Christen als ihre Pflicht betrachten, für den Frieden zu beten und zu wirken.

HINWEG·GENOMMEN·HAT·DER·HERR·ALLE·MEINE·STARKEN
AVS·MEINER·MITTE – DARVM·WEINE·ICH·VND·MEIN·AVGE·
IST·TRÄNENNASS – VMGEKOMMEN·SIND·MEINE·KINDER
WEIL·VBERMÄCHTIG·WARD·DER·FEIND·– KLAGELIEDER – 1·15

11 Bischof Eberhards Grabmal

Als die Kanzler noch nicht zu Gazprom wechselten

Eberhard I., der dem Bistum Bamberg als erster Bischof vorstand, wurde anders als die meisten Gründungsbischöfe der übrigen bayerischen und fränkischen Diözesen wie etwa Korbinian, Willibald oder Burkard nie zum Heiligen. Deswegen wird er vollständig von den beiden heiliggesprochenen Stiftern Heinrich und Kunigunde verdeckt. Umso mehr sind wir auf Urkunden angewiesen, wenn wir etwas über seine Person erfahren wollen – und davon gibt es einige, schließlich war Eberhard Kanzler des Reiches, bevor er zum Bamberger Bischof aufstieg. Als typischer Reichsbischof seiner Zeit hatte er sich in der Hofkapelle hochgedient und war zur Stütze der Reichsverwaltung geworden, sodass Heinrich ihm schließlich sein Lebensprojekt, das eben neu gegründete Bistum Bamberg, anvertraute. Der König hatte damals die Besetzung der Bischofsstühle weitgehend allein in der Hand und vergab sie an seine Vertrauten aus der Hofkapelle. So konnte er im Reich machtpolitisch auf ihm loyale Gegengewichte zum lokalen Adel setzen.

Eberhard begegnet uns erstmals 1006 als Kanzler, und damit als Nachfolger Brunos, der als Bruder des Königs soeben zum Bischof von Augsburg befördert worden war – ein deutliches Indiz dafür, dass Eberhard zu den engsten Mitarbeitern des Königs gehörte. Nach seiner Bischofsweihe am 1. November 1007 gab er das deutsche Kanzleramt zwar 1008 ab, behielt aber das Amt des Kanzlers für Italien bis 1012 bei. Den Titel Erzkanzler für Italien führte er sogar noch bis zum Tod des Kaisers. Eberhard, der den Aufbau des neuen Bistums durch die Gründung von Kloster Michelsberg und des Stiftes St. Stephan kraftvoll vorangetrieben hatte, starb am 13. August 1040 und wurde in der Nähe seines Gönners Heinrich II. beigesetzt. Heute befindet sich sein Grab in der Domkrypta.

12 Die Bischofsgrablege

Letzte Ruhestätte der Oberhirten

Die Bamberger Erzbischöfe haben das etwas morbide Privileg, schon zu Lebzeiten ihr eigenes Grab besuchen zu können. Ein Treppenzugang rechts unterhalb des Altarraums führt hinab in das »Reich der Toten«, wo die kühle Luft, das sanfte Licht und die Stille abseits des touristischen Trubels eine ganz besondere Atmosphäre bieten. Das Mauerwerk hier unter der Erde besteht noch aus Teilen des 1.000 Jahre alten Heinrichsdoms, sodass die Ewigkeit hier buchstäblich greifbar wird. Und der Besucher bekommt einen Eindruck, wie der erste Dom im 11. Jahrhundert ausgesehen hat. Durch ein Gittertor kann man auf die zwölf Grabplatten und die Gräber der Erzbischöfe Josef Schneider (gestorben 1998) und Elmar Maria Kredel (gestorben 2008) blicken. Die schlichte, moderne und schnörkellose Gestaltung des Bodens und des würfelförmigen Altars des Architekten Alexander Freiherr von Branca steht im Gegensatz zum 1.000-jährigen Hauch der Geschichte.

Die zuvor gestorbenen Bischöfe waren an verschiedenen Stellen im Dom bestattet worden, nach der Säkularisation jahrzehntelang im nördlichen Seitenschiff. Die Mitglieder des Domkapitels wurden lange in der Sepultur, der heutigen Nagelkapelle, begraben. Doch irgendwann wurden die Grabstätten knapp, und nach dem Tod von Erzbischof Philipp von Abert 1912 kam die Frage nach einer Grablege auf. Zwischen 1913 und 1917 sowie 1935/36 scheiterten die Versuche, unter dem Westchor einen passenden Raum zu finden, sodass die Erzbischöfe Jacobus von Hauck (1943) und Joseph-Otto Kolb (1955) nochmals im nördlichen Seitenschiff beerdigt wurden. Danach wurde eine Fußbodenheizung installiert und der Boden mit einer Betonplatte versiegelt. 1992 lagen dann die ersten Planungsentwürfe mehrerer Architekten vor. Es sollte noch bis zum Allerseelentag 1996 dauern, bis die neue Grablege durch Erzbischof Karl Braun eingeweiht wurde.

13 Das Bischofshaus

Wo der Erzbischof zur Miete wohnt

Die Zeiten, in denen der Bamberger Bischof in der prächtigen Residenz wohnte, sind seit der Säkularisation Vergangenheit. 1805 starb der letzte Bamberger Fürstbischof Christoph Franz von Buseck. Mit der Errichtung des Erzbistums 1821 verpflichtete sich der Staat, für die Bischöfe Wohn- und Amtsgebäude bereitzustellen. Die Wahl in Bamberg fiel auf das 1772 fertiggestellte Rotenhan'sche Palais in der Oberen Karolinenstraße 5. Das Wappen des Domherrn Lothar Franz Wilhelm von Rotenhan schmückt noch heute den Eingang, allerdings wird angenommen, dass für den Bau ein Adeliger mit einem anderen bekannten Namen verantwortlich war: Johann Philipp Anton von Guttenberg, der das Haus bis zu seinem Tod 1821 bewohnte. Es trug damals den Namen Guttenbergischer Domherrenhof und galt als das modernste Gebäude auf dem Domberg.

Einem damaligen Raumnutzungsplan zufolge verfügte das Haus über einen Fluchtkeller, eine Silberkammer, eine Konditorei sowie einen Schweine- und Hühnerstall. 1890 wurde ein Wasserklosett eingebaut, seit 1905 gibt es einen Telefonanschluss, und 1938 wurde für das erste Dienstauto eines Erzbischofs eine Garage gebaut, und der Fahrer bekam eine eigene Dienstwohnung. Bis in die 1980er Jahre wohnte der Erzbischof im ersten Obergeschoss, Elmar Maria Kredel zog nach einer Generalsanierung in den zweiten Stock, wo sich noch heute die schlichte Privatwohnung des Erzbischofs mit vier Zimmern auf rund 100 Quadratmetern befindet, einschließlich Arbeitszimmer. Goldene Badewannen sucht man vergebens. Ein Nutzungsentgelt an den Staat wird abgeführt.

In der ersten Etage sind die Büros und Empfangsräume. Ein großer, mit Stuckarbeit verzierter Prunksaal dient für Empfänge und Konferenzen. Im Erdgeschoss wohnen zwei Ordensschwestern, die für den Haushalt des Erzbischofs zuständig sind, außerdem befindet sich hier die Hauskapelle, wo der Erzbischof jeden Morgen die Messe feiert.

14 Clemens II.

Die Liegefigur, die aufrecht steht

Viele Touristen, die gerade in den Sommermonaten täglich zu Tausenden durch die Marienpforte in den Dom strömen, bemerken dabei die Figur nicht, die links hinter ihnen in der Ecke »hängt«. Dabei handelt es sich nach dem Reiter wohl um die interessanteste Skulptur der Bamberger Kathedrale. Der Dargestellte trägt eine konisch zulaufende Kopfbedeckung, hält ein Buch in der linken Hand und spendet mit seiner Rechten den Segen. Zusätzlich zur üblichen Bekleidung eines Bischofs trägt er das Pallium und ein mit zwölf Edelsteinen besetztes Rechteck auf der Brust. Aber wieso ruht sein Kopf auf einem Kissen, obwohl die Figur aufrecht steht? Und um welche Persönlichkeit handelt es sich überhaupt?

Erst Ende des 19. Jahrhunderts erkannte man, dass die Figur nicht etwa einen Bischof, sondern einen Papst darstellt – die Brustplatte, die der Kultbekleidung der Hohepriester des Alten Testaments nachempfunden ist, verweist ebenso darauf wie die eigenartige Kopfbedeckung, die als eine Frühform der Papstkrone, der Tiara, erkannt wurde, die damals noch keine Kronreifen aufwies. Wahrscheinlich handelt es sich um eine Darstellung Clemens II. (reg. 1046–1047), der vor seinem Pontifikat ab 1040 Bischof in Bamberg war und daher auch im Dom begraben liegt.

Größenvergleiche haben ergeben, dass die Liegefigur, die nun unscheinbar in der Ecke hängt, ursprünglich zum Grabdenkmal des Papstes gehört haben muss und dafür gedacht war, auf der Grabplatte zu liegen – eine entsprechende Rekonstruktion ist im Diözesanmuseum zu sehen. Dass diese Idee eines monumentalen Papstgrabmals weitere Figuren des nordöstlichen Seitenschiffs einbezogen hat, ist nicht ausgeschlossen – offenbar sind sie allesamt ursprünglich wohl nicht für ihren jetzigen Aufstellungsort geschaffen worden. Weshalb das Papstgrab schließlich nur in relativ bescheidener Form ausgeführt wurde, bleibt im Dunkel der Geschichte verborgen.

15 Der Defibrillator

Ein Schock, der Leben retten kann

Defibrillator ist nicht der Anfang eines lateinischen Gebets, sondern eine lebensrettende Maschine. Es gibt kaum einen Platz in Bamberg, wo täglich so viele Leute unterwegs sind, wie im Dom. Rund anderthalb Millionen Menschen besuchen die Kathedrale im Jahr. Und auch die zahlreichen Gottesdienste an den Sonn-, Feier- und Werktagen sind stets gut besucht. Dass es bei einer so großen Zahl an Menschen auch mal zu medizinischen Notfällen kommen kann, versteht sich von selbst. Deshalb hat das Metropolitankapitel im Jahr 2019 beschlossen, einen Defibrillator anzuschaffen. Der lebensrettende Schockgeber hängt an der Wand gegenüber der Sakristei im südlichen Seitenschiff: leicht versteckt, sodass er die Ästhetik des Gotteshauses nicht stört, aber im Notfall sofort zu finden ist.

Seit der Montage des »Defi« sind die Dommesner und das Aufsichtspersonal im Umgang mit dem Gerät geschult worden. Die Anwendung ist jedoch dank Sprachsteuerung und klarer Anweisungen auch für medizinische Laien ohne jede Vorkenntnis sofort möglich. So kann jeder im Ernstfall zum Lebensretter werden.

Der plötzliche Herztod ist eine der häufigsten Todesursachen in Deutschland. Meist liegen anfangs Herzrhythmusstörungen vor – auch Kammerflimmern genannt. Ein Defibrillator kann diesen Zustand durch gezielte Stromstöße unterbrechen und so das Herz wieder zum Schlagen bringen. Kommt es nach einem Herzstillstand in den ersten drei Minuten zu einer Ersten Hilfe mit dem Schockgeber, steigt die Überlebenschance auf 75 Prozent. Immer häufiger werden Defibrillatoren an öffentlich zugänglichen und hoch frequentierten Orten angebracht, um schnelle Erste Hilfe zu gewährleisten. Somit ist der »Defi« im Dom ein Ort, den man zwar gesehen haben muss, den man aber hoffentlich selbst nie braucht. Außerdem ist er ein sichtbares Zeichen, dass modernste Technik auch in historischen Gebäuden eingesetzt werden kann.

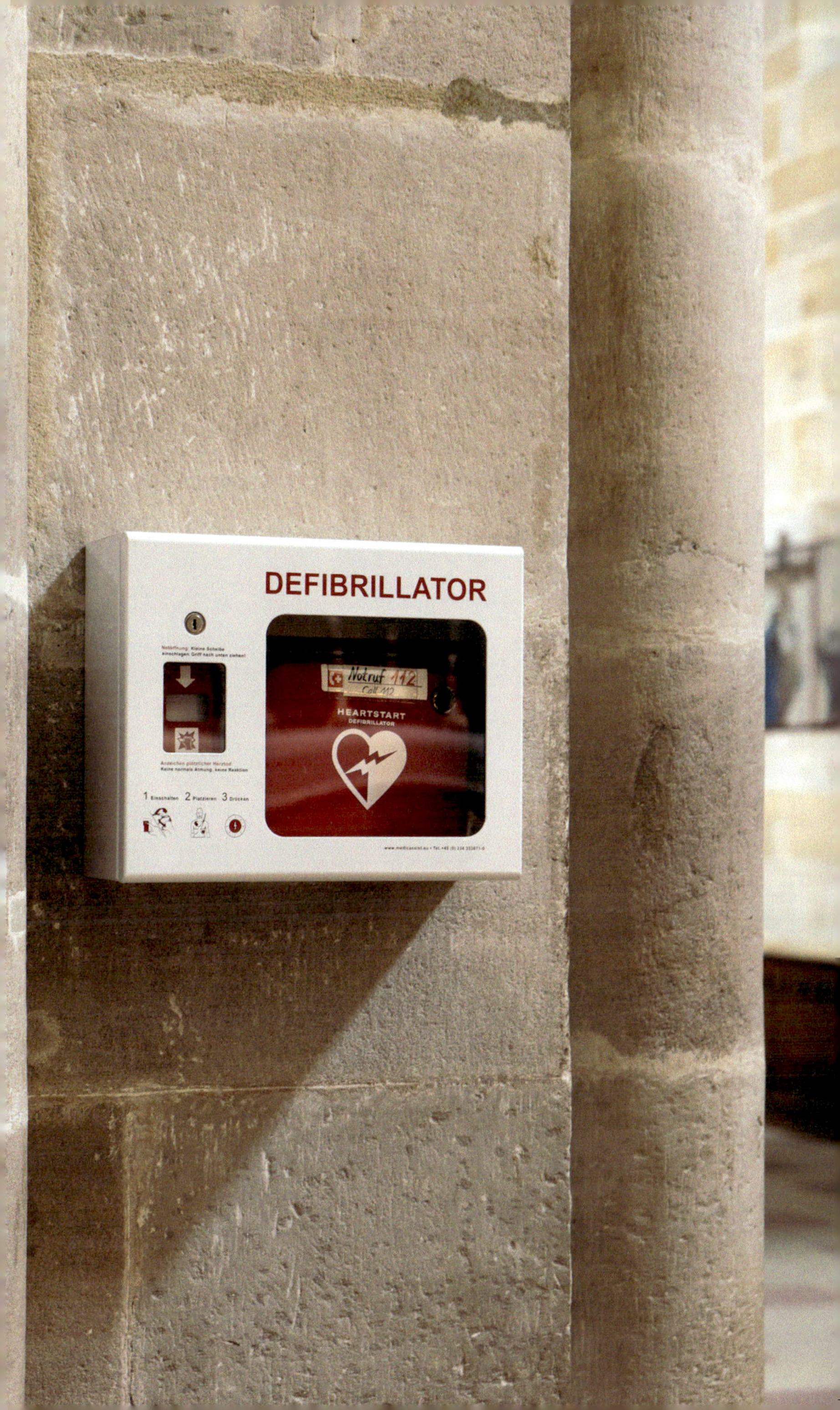
DEFIBRILLATOR
Notruf 112
HEARTSTART
DEFIBRILLATOR

16 Die Dionysiusfigur

Wenn Bischöfe den Kopf verlieren

Unter den von der jüngeren Bildhauerschule geschaffenen Figuren, die an den Chorschranken im nördlichen Seitenschiff aufgestellt sind, fällt dem Eintretenden das Standbild eines Heiligen ins Auge, der seinen Kopf in Händen hält. Die aufwendigen bischöflichen Gewänder sowie die Mitra auf dem Haupt weisen den dargestellten Mann als einen Bischof aus.

Es handelt sich dabei um Dionysius, den ersten Bischof von Paris, der seiner Legende nach während der Christenverfolgung unter Kaiser Decius auf dem Montmartre (dem Berg der Märtyrer) geköpft wurde und anschließend sein Haupt mit eigenen Händen zum Ort seines Begräbnisses trug, in die Basilika von Saint-Denis, der Grabkirche der Könige von Frankreich.

Der Engel zu seiner Linken, der eine zerbrochene Krone trägt, ist dem heiligen Dionysius zugewandt: Er lächelt, weil der Bischof sein Ziel, das ewige Leben, erreicht hat und er ihm daher die Krone des Lebens überreichen darf. Weshalb dieser französische Nationalheilige eine solch prominente Stellung im Bamberger Dom erfahren hat, ist nicht sicher geklärt. Doch Dionysius und seinen Gefährten wurde schon bei der ersten Domweihe im Jahr 1012 der Altar im nördlichen Querhaus geweiht.

Zudem starb der Bamberger Papst Clemens II. am Dionysiustag, dem 9. Oktober des Jahres 1047, sodass dieser Tag im Bamberger liturgischen Kalender lange ein gewisses Gewicht hatte. So wurde in der Forschung die Überlegung vertreten, die Figur sei ursprünglich für ein monumentales Papstgrab geschaffen worden, das dann aber nicht fertiggestellt worden sei. Jedenfalls verweist die Figur auf uralte kulturelle Verbindungen der Bamberger Region mit unserem Nachbarland im Westen: Noch vor Karl dem Großen, zur Zeit der Merowinger, war das heutige Nordbayern als Ostfranken schließlich Teil des Frankenreiches, aus dessen Kern das heutige Frankreich hervorging.

17 Die Dombauhütte

Wo mit Meißel und Laserstrahlen gearbeitet wird

Nur sehr selten sind die Domtürme mal ohne Gerüst zu sehen. Es gibt Bamberger, die sich an diesen Anblick nicht erinnern können. Grund dafür ist, dass irgendwo am Dom immer etwas auszubessern ist. Die derzeit zwölf Mitarbeiter der Dombauhütte, das sind Zimmerleute, Steinmetze, Maurer und der Dombaumeister, brauchen rund 50 Jahre, um den Dom mit ihren Arbeiten einmal zu umrunden. Und dann geht's wieder von vorne los.

Das Bauhüttenwesen bildete sich im Mittelalter um die Baustellen der europäischen Dome heraus. Damals wie heute handelt es sich um Werkstätten in direkter Nähe der Kathedralen. Als der Bamberger Dom 1803 an den Staat überging, musste dieser auch die Baulast übernehmen. Um die unterschiedlichen Arbeiten zu koordinieren, wurde 1929 die Staatliche Dombauhütte gegründet, die seit den 70er Jahren in der Alten Hofhaltung schräg gegenüber vom Historischen Museum ihre Werkstatt hat und heute zum Staatlichen Bauamt zugeordnet ist. Zu ihren Aufgaben gehört auch die Reinigung der Fassaden des Doms, was inzwischen mit einem Laserstrahl geschieht. Dadurch bleibt der Sandstein unbeschädigt. Allerdings ist diese Methode sehr zeitaufwendig: Nicht mehr als anderthalb bis zwei Quadratmeter können so pro Tag gereinigt werden. Man kann sich vorstellen, wie lange es dauert, alle Steine von ihrer schwarzen Schmutzschicht zu befreien.

Die Mitarbeiter der Dombauhütte pflegen und bewahren bei der Sanierung der Bausubstanz das traditionelle Handwerk und geben ihr Wissen und ihre Erfahrung weiter. Aus diesem Grund wurde die Bamberger Dombauhütte 2021 in das immaterielle Weltkulturerbe der UNESCO aufgenommen. Die damalige bayerische Bauministerin Kerstin Schreyer sagte zu diesem Anlass: »Die Dombauhütten spannen einen Bogen vom Mittelalter in die heutige Zeit. Sie erhalten diese imposanten Bauwerke, die nicht nur religiöse Bedeutung haben, sondern steinerne Zeugen unserer Kultur sind.«

18 Das Dombild von Georg Adam Arnold

Als die drei Musketiere den Bamberger Dom besuchten

Es liegt auf der Hand, dass ein Gebäude wie der Bamberger Dom im Laufe seiner über 1.000-jährigen Geschichte vielfältige Veränderungen seiner Gestalt und seiner Ausstattung erlebt hat. So ist beispielsweise bekannt, dass die Wände und Figuren ursprünglich bunt bemalt waren, dass in der Zeit der Gotik sicher bunte Glasfenster eingebaut waren, dass der nackte Sandstein nicht dem Urzustand entspricht, sondern vielmehr der Vorstellung geschuldet ist, die man in den 30er Jahren des 19. Jahrhunderts zur Zeit König Ludwigs I. von der idealen mittelalterlichen Kirche hatte.

Während seit Erfindung der Fotografie und mehr noch seit dem Siegeszug der sozialen Medien unzählige Aufnahmen Eindrücke aus dem Dom wiedergeben, sind Bildzeugnisse früherer Jahrhunderte viel seltener oder fehlen ganz. Eine Ausnahme bilden zwei großformatige Ölgemälde, mit denen Georg Adam Arnold, der Sohn des Hoforganisten, im Jahr 1669 und noch einmal etwa fünf Jahre später das Dominnere in der Barockzeit im Bild festgehalten hat. Beide Werke zeigen den Blick von der Vierung in Richtung Ostchor. Man erkennt beispielsweise unschwer die Orgel, die sich damals schon an derselben Stelle im Obergaden befand, sowie die Seitenaltäre, die früher an jedem Pfeiler auf beiden Seiten aufgestellt waren – ein für heutige Augen ungewohntes Bild.

Vorne links ist der Bamberger Reiter zu sehen – es handelt sich um die früheste bildliche Darstellung dieser weltberühmten Skulptur überhaupt –, und Menschen in zeitgenössischer Kleidung schlendern durch den Dom. Die drei Herren mit ihren Degen im Vordergrund scheinen dem Roman »Die drei Musketiere« entsprungen zu sein – und offenbar war man damals Tieren gegenüber toleranter als heute, denn Hunde mussten wohl noch nicht »draußen bleiben« …

19 Das Domdechantenhaus

Hier werden schon lange keine Brötchen mehr gebacken

Der schmucke Mansarddachbau neben dem Diözesanmuseum mit der Adresse Domplatz 4 wirft die Frage auf: Wer wohnt denn hier? Der letzte Bewohner war der im November 2022 verstorbene ehemalige Generalvikar und Domdekan Alois Albrecht, der als »Poet des Dombergs« galt und aus dessen Feder bekannte Texte des »Neuen Geistlichen Lieds« wie »Kleines Senfkorn Hoffnung« oder »Unser Leben sei ein Fest« stammen.

Johann Jakob Michael Küchel erbaute das Haus 1737, das lange als Dompfisterei (Dombäckerei) diente. Küchel war der Hofarchitekt von Bischof Friedrich Carl Graf von Schönborn und gilt neben Leonhard Dientzenhofer und Balthasar Neumann als der dritte große Architekt Bambergs. 1825 wurde das Haus Sitz des Domdekans und dafür um ein Stockwerk erhöht. Noch heute wird es »Domdechantei« genannt, obwohl der heutige Domdekan hier weder wohnt noch arbeitet. Denn nach Alois Albrechts Eintritt in den Ruhestand 2006 wurde das Innere des Hauses zu Büroräumen umgebaut und ist nun das Erzbischöfliche Generalvikariat mit den Stabsstellen Kirchliches Recht, Weltliches Recht sowie der Gleichstellungsstelle.

Der Generalvikar ist der »zweite Mann« im Bistum, sozusagen der Stellvertreter des Bischofs und der Chef der Verwaltung. Kirchenrechtlich gilt er als »Alter Ego« des Erzbischofs, das heißt, sein Wort hat dasselbe Gewicht wie das des Oberhirten. Und weil der »GV«, wie man ihn intern nennt, sich selbst mehr als Vikar und weniger als General versteht, steht ihm neuerdings auch eine Ordinariatsdirektorin zur Seite, die viele seiner Aufgaben bei der Leitung und Verwaltung des Bistums übernimmt.

Zeitweise muss das Erzbistum Bamberg übrigens gar ohne Generalvikar auskommen. Das Amt ist mit dem des Bischofs verbunden und zuletzt erloschen. Der neue Erzbischof ernennt dann wieder einen Generalvikar.

20 Die Domfenster

Es bleibt immer was zu tun

Bekanntlich waren alle mittelalterlichen Kathedralen mit Buntglasfenstern ausgestattet, was man vielerorts, zum Beispiel an den Kathedralen in Frankreich, noch sehen und erleben kann. Das war auch in Bamberg so. Allerdings hat man hier in der Barockzeit die farbige Verglasung entfernt. Die Altäre mit ihren vergoldeten Ornamenten sowie die weiße Wandfassung jener Epoche verlangten einfach danach, in helles Licht getaucht zu werden.

Die barocke Innenausstattung des Doms blieb jedoch eine relativ kurze Episode – sie wurde im 19. Jahrhundert wieder entfernt. Doch fehlen bis heute die für eine mittelalterliche Kirche an sich selbstverständlichen Buntglasfenster. Durch die Entfernung der barocken Altaraufbauten in den beiden Chören blendet seitdem insbesondere zu bestimmten Tages- und Jahreszeiten das durch die großen Chorfenster einfallende Licht die Besucher. Schon mehrfach wurden Initiativen ergriffen, das zu ändern, zuletzt kurz nach der Jahrtausendwende im Hinblick auf das 1.000. Domjubiläum. In einem Wettbewerb, zu dem zunächst zehn Künstler eingeladen waren, wurden Entwürfe geschaffen, die im Jahr 2003 in einer Sonderausstellung des Diözesanmuseums der Öffentlichkeit präsentiert werden konnten. Im Jahr darauf wurden schließlich drei »Probefenster« der in die engere Auswahl gekommenen Künstler Günter Grohs, Bernhard Huber sowie der Ateliergemeinschaft Michael Lönne + Jörn Neumann im südlichen Seitenschiff installiert.

Die Jury sprach den ersten Preis einstimmig dem Glasmaler Bernhard Huber zu. Trotzdem wurden die Entwürfe nie ausgeführt, was an den damals eingeleiteten Sparmaßnahmen des Bistums lag – man befürchtete wohl eine negative Reaktion der Öffentlichkeit, wenn für Kunst Geld ausgegeben worden wäre, das man an anderer Stelle einsparen musste. So erinnern bis heute die Musterfenster an ein Desiderat, das wohl künftigen Generationen überlassen bleibt.

21 Die Domherrenhöfe

So eng wollte man dann doch nicht zusammenleben

Die Geistlichen an einer mittelalterlichen Kathedrale lebten zunächst in einer Art Wohngemeinschaft im direkt an den Dom angebauten Kapitelhaus zusammen. Der Kreuzgang des Bamberger Doms, mittlerweile Teil des Diözesanmuseums, zeugt bis heute davon, dass man sich dabei an klösterlichen Vorbildern orientierte. Doch schon bald lösten sich diese Wohngemeinschaften allerorten auf, und es wurde üblich, dass jeder Domherr in einem eigenen Hof in der Nähe der Kathedrale wohnte – die Betonung liegt dabei auf »Herr«, gehörten die Mitglieder des Domkapitels vor der Säkularisation von 1803 doch alle dem Adel an.

Bei vielen war dieses Standesbewusstsein ausgeprägter als ihre Berufung zum geistlichen Leben: Sie wollten ihren Brüdern und Cousins, die auf stattlichen Burgen und später in repräsentativen Schlössern lebten, nicht nachstehen. Diese Domherrenkurien bildeten schließlich eine eigene kleine Stadt innerhalb der Domburg. Meistens hatten sie eine eigene kleine Kapelle sowie teilweise üppig angelegte Gärten. Manche, wie das heutige Bischofshaus oder der Brandenburger Hof am Torschuster, wurden in der Barockzeit im Stil eines Stadtpalais ausgebaut, im Kellergeschoss finden sich aber meist noch mittelalterliche Fundamente. Die Domherren gaben diese Anwesen untereinander weiter, zuweilen blieb dabei der Name des Vorbesitzers am Gebäude haften wie etwa beim Buseckhof.

Der bedeutendste Domherrenhof ist derjenige der heiligen Elisabeth, die sich der Legende nach bei ihrem Aufenthalt in Bamberg dort aufgehalten haben soll. Sie gehörte wie ihr Onkel, Bischof Ekbert, der Familie der Herzöge von Andechs-Meranien an. Daher ist es durchaus glaubwürdig, dass diese Kurie, die bis heute von Mitgliedern des Domkapitels bewohnt wird, der Sitz der Herzöge in der Bischofsstadt gewesen ist. Im Kern weist sie uralte Baustrukturen auf, die Fachleute mit der Nürnberger Burg vergleichen.

22 Der Domkranz

Schon das Mittelalter kannte seine Mega-Events

Vor dem Ostchor des Doms befindet sich ein etwas erhöhter, eingezäunter, terrassenartiger Bereich, der durch zwei Treppenanlagen erschlossen wird und zu den beiden Domeingängen unter den Osttürmen führt. Dieser sogenannte »Domkranz« besteht in dieser Form seit Beginn des 16. Jahrhunderts. Anders als man meinen könnte, wurde an dieser Stelle der Domplatz nicht etwa aufgeschüttet. Im Gegenteil, unter diesen Sandsteinplatten findet sich das letzte Stück »Original-Domberg« – der Domplatz drum herum wurde im 18. Jahrhundert planiert und abgetragen, um eine Zufahrt, die heutige Karolinenstraße, zu schaffen.

Domherr Friedrich von Redwitz hat 1508 die Neugestaltung des östlichen Domeingangsbereichs gestiftet, deswegen ziert sein Wappen bis heute die Brüstung. Früher befand sich an dieser Stelle ein Friedhof. Beengte Verhältnisse und relativ steil ansteigende Zugänge zum Dom hatten ehedem die Gefahr von Unfällen mit sich gebracht, was den edlen Stifter auf den Plan rief. Umgesetzt wurde seine Idee in den Jahren 1511/13, wobei auch ein steinernes Lesepult zum Domplatz hin errichtet wurde.

Die Schaufrömmigkeit des Spätmittelalters führte dazu, dass Kirchen, die einen bedeutenden Reliquienschatz vorzuweisen hatten, diesen in regelmäßigen Abständen dem gläubigen Volk zur Verehrung zeigten. Dazu kamen viele Menschen zusammen, um die damit verbundenen Ablässe zu erhalten. In der Domstadt Bamberg, die diesbezüglich mit Nürnberg in Konkurrenz stand, wo bekanntlich die Reichskleinodien gelagert waren, fanden diese sogenannten »Heiltumsweisungen« alle sieben Jahre am Fest der Domkirchweih, also am 6. Mai, statt – zuletzt im Jahr 1509, als der Domkranz noch gar nicht umgestaltet war. Danach sorgten die Wirren der Reformation dafür, dass solche Massenaufläufe unterblieben. Ironie der Geschichte: Der Domkranz konnte also nie den Zweck erfüllen, für den er gebaut worden war.

23 Das Domkreuz

18 starke Männer sind gefragt

Ein kleines logistisches Meisterwerk vollbringen jedes Jahr die Kreuzträger und Hausmeister des Ordinariats, wenn sie das 650 Kilogramm schwere Domkreuz über die engen Treppen aus der ersten Etage des Diözesanmuseums hinunterbringen, damit es bei der traditionellen Fronleichnamsprozession durch die Straßen getragen werden kann. 18 kräftige Männer sind dafür nötig, ihr schweißtreibendes Ehrenamt wird dabei oft von Generation zu Generation vererbt. Vor über 100 Jahren hatte das Katholische Werkvolk, die heutige Katholische Arbeitnehmer-Bewegung, die traditionsreiche Aufgabe von den Malern übernommen.

Der Holzkern des Kreuzes geht auf das 11. Jahrhundert zurück. Es wurde bis ins 19. Jahrhundert als »Magna crux aurea«, als großes goldenes Kreuz bezeichnet. Eine nicht mehr vorhandene Inschrift nannte einen gewissen Hermann als Stifter. Es könnte sich dabei um Bischof Hermann handeln, der im Jahr 1075 wegen Ämterkaufs abgesetzt wurde. Das Kreuz besitzt mehrere von außen nicht sichtbare Kammern, die seit Jahrhunderten einen unveränderten Bestand an Reliquien von Aposteln und Märtyrern enthalten.

Um das Jahr 1726 erhielt das Kreuz ein neues Gehäuse, bevor es 1803 der Säkularisation zum Opfer fiel. Gerettet wurde es durch Bamberger Bürger, die es 1806 wieder herrichten ließen. Seitdem ist der Partikel vom Kreuz Jesu auf der Vorderseite zu sehen.

Die Behauptung, das Domkreuz würde 650 Kilo wiegen, wird seit Generationen mündlich überliefert. Doch wirklich gewogen wurde es schon sehr lange nicht. Ebenso wenig ist bewiesen, dass es sich bei der Holzreliquie – genauso wie beim »heiligen Nagel« – tatsächlich um einen Überrest des Kreuzes handelt, an dem Jesus gestorben ist. Seine Bedeutung und damit die Berechtigung, als Reliquie verehrt zu werden, erhält es aber schon dadurch, dass es über Jahrhunderte gläubige Menschen an das Leiden und Sterben Jesu erinnert.

24 Die Domkröten

Zwei 1.000 Jahre alte, hässliche Zeugen aus Stein

Zwei steinerne Ungetüme stehen vor der Gnadenpforte. Seit Jahrhunderten geben sie der Phantasie viel Nahrung. Dass sie heute »Domkröten« genannt werden, hat weniger mit ihrem Aussehen zu tun als damit, dass der Volksmund die alte Bezeichnung »Domgreden« für die Domstufen auf die mysteriösen Wesen übertragen hat, die wohl früher einmal prächtige Löwen gewesen sein sollen. Und mit »früher« ist in diesem Fall tatsächlich die Zeit vor 1.000 Jahren gemeint, als der erste Dom gebaut wurde. Die Domkröten sind schweigende Zeugen des Heinrichsdoms, der Ende des 11. Jahrhunderts abbrannte und 1185 endgültig abgerissen wurde. Das Feuer und der Zahn der Zeit verunstalteten die ehemals stolzen Löwen zu hässlichen Kröten, oder was auch immer man heute darin mit ausreichend Phantasie erkennen mag.

Zu den Domkröten gibt es auch eine sagenhafte Geschichte um einen jungen und ehrgeizigen Baumeister, der mit seinen Arbeiten am Peterschor nicht so schnell vorankam wie sein fleißiger Kollege, der für den Georgschor verantwortlich war. Er schloss deshalb einen Pakt mit dem Teufel, der ihm jede Nacht ein Fabelwesen, halb Löwe, halb Kröte, schickte, das alle Arbeiten am Georgenchor zunichtemachte. Als der Peterschor vollendet war, erschien ein fein gekleideter Edelmann, der das fertige Werk betrachten wollte. Es handelte sich um den Teufel, der nun Anspruch auf die versprochene Seele des Baumeisters erhob. Der jedoch erwiderte ängstlich, dass seine Seele erst nach dem Ende seines irdischen Lebens dem Teufel gehöre, woraufhin der Fürst der Finsternis ihn mit einem teuflischen Lachen vom Gerüst in den Tod stürzte. Die Bauleute sahen eine große Feuerkugel davonfliegen, von dem Besucher aus der Unterwelt blieb keine Spur zurück. Bei der Weihe der Kathedrale wurden der Legende nach alle bösen Geister vertrieben, und die Löwen-Kröten erstarrten für alle Zeiten zu Stein.

25 Die Domkühe

Auch Tiere sind Geschöpfe Gottes

Wenn man am Südwestturm nach oben schaut, kann man im vierten Obergeschoss neben den Darstellungen der Propheten auch Tierköpfe entdecken. Hier wurden vermutlich von den Baumeistern die Nutz- und Arbeitstiere gewürdigt, die beim Bau des Doms mitgeholfen haben. Sie sorgten für den Transport der Steine mit Flaschenzügen und schleppten auf ihren Rücken Mörtelbottiche auf die Türme hinauf. Nach Feierabend wurden sie links neben dem Fürstenportal eingezäunt, weshalb dieses Plateau noch heute »Eselsstall« genannt wird.

So wie auch viele andere Figuren an der Außenfassade des Doms sind auch die Domkühe Nachbildungen. Wenn man sich die im Diözesanmuseum ausgestellten Originale aus der Nähe anschaut, wird man feststellen, dass die Kühe in Wahrheit Maulesel sind und Blumenkränze auf den Köpfen tragen.

Heute sind sie für uns vor allem eine Mahnung und Erinnerung daran, dass auch Tiere zur Schöpfung gehören und nicht durch den Menschen ausgebeutet werden dürfen. Tiere sind Lebewesen, die unsere Achtung verdienen, auch wenn wir sie als Last- und Nutztiere und natürlich zur Nahrungsmittelerzeugung gebrauchen.

Bei den Bauarbeiten am Dom gibt es heute keine Tiere mehr. Sie wurden durch Maschinen ersetzt. Die Arbeiter der 1929 gegründeten Dombauhütte sind stets damit beschäftigt, den Dom instand zu halten. Diese wichtige Arbeit geschieht meist unbeachtet im Hintergrund. Auch ihnen gebührt Dank und Anerkennung.

Ihr Vorbild finden die Domkühe übrigens in der Kirche Notre-Dame von Laon, einer der bedeutendsten frühgotischen Kathedralen Frankreichs, die von 1155 bis 1235 gebaut wurde: Hier gibt es in den Türmen sogar 16 Ochsen. Wer sich die Kirche in Nordfrankreich einmal anschaut, wird noch weitere Ähnlichkeiten mit dem Bamberger Dom feststellen: Die Bamberger Westtürme sind fast identische Kopien der Türme in Laon.

26 Die Dommodelle

Gotteshaus im Wandel der Zeit

Lange Zeit hielt man den Dom in seiner heutigen Baugestalt für den ursprünglichen Heinrichsdom. Erst die wissenschaftliche Bauforschung konnte klären, dass der Bamberger Dom zu Beginn des 13. Jahrhunderts völlig neu erbaut wurde, während es sich bei den Baumaßnahmen unter Bischof Otto dem Heiligen um eine Erneuerung des ursprünglichen Gründungsbaus aus der Zeit Kaiser Heinrichs II. gehandelt hatte. Auch während der Bauzeit des jetzigen Doms war es zu mehreren Planänderungen gekommen. Die Ausgrabungen, die in den 70er Jahren des vergangenen Jahrhunderts erfolgten, brachten schließlich Aufschluss über die verschiedenen Bauphasen.

Da man sich all dies, auch wenn es bei Domführungen erläutert wird, als baufachlicher Laie kaum vorstellen kann, leisten mehrere Modelle dem Besucher Hilfestellung, um sich das Gesagte besser vor Augen zu führen. Im Nordquerhaus ist ein Modell aufgestellt, das innerhalb der Umrisse des heutigen Baus anhand der Ausgrabungsergebnisse veranschaulicht, welche Dimensionen der ursprüngliche Heinrichsdom im Vergleich dazu hatte und was davon noch in den Fundamenten beziehungsweise in der Westkrypta erhalten geblieben ist. Zudem ist der enge Zusammenhang des Dombaus mit der Bauflucht der Kaiserpfalz sowie der heutigen Nagelkapelle, des ursprünglichen Kapitelsaales, deutlich erkennbar.

Das Modell wurde anlässlich der Landesausstellung 2002 zu Kaiser Heinrich II. erstellt und dem Dom als Leihgabe überlassen. Ein weiteres Modell, das im Diözesanmuseum besichtigt werden kann, zeigt die Ausstattung und Bemalung des Innenraumes, wie sie sich im Hochmittelalter präsentiert haben könnte. Es wurde von Studierenden der Bamberger Otto-Friedrich-Universität anlässlich einer Ausstellung des Historischen Vereins erarbeitet. Im Kreuzgang wird zudem mittels mehrerer Modelle aus Holz die Abfolge der Bauphasen des heutigen Doms erläutert.

27_Die Dommusik

Musikzwerge und echte Mutanten

Der erste urkundlich erwähnte Auftritt eines Bamberger Domchores ist schon über 1.000 Jahre her: Am 14. April 1020 sang er beim Besuch von Papst Benedikt VIII. Offiziell als »Domkantorat« gegründet wurde der Chor 1192 von Bischof Otto II. Diese über 800-jährige Tradition wird bis heute fortgeführt. Der Bamberger Domchor ist ein reiner Knabenchor, der die festlichen Gottesdienste in der Bischofskirche mitgestaltet und an den Hochfesten von den Profis der Bamberger Symphoniker begleitet wird.

Bevor man Sänger im Hauptchor wird, erfährt man schon ab dem Grundschulalter in den Vorchören eine Gesangsausbildung, lernt Noten und bekommt Gehör- und Rhythmuserziehung. (Das Ganze übrigens kostenlos!) Und während des Stimmbruchs werden die jungen Sänger auf ihre neue Stimme als Tenor oder Bass vorbereitet und treffen sich wöchentlich in der – so heißt sie wirklich – »Mutantengruppe«.

Schon im Alter von anderthalb Jahren können Kinder im »Musikgarten« erste spielerische Erfahrungen machen, bevor sie ab dem letzten Kindergartenjahr an der chorischen Früherziehung teilnehmen.

Seit 1989 gibt es neben dem Knabenchor die Mädchenkantorei und seit 1995 auch die Domkantorei, in der überwiegend frühere Sängerinnen und Sänger von Domchor und Mädchenkantorei singen. All diese Chöre singen unter Leitung des Domkapellmeisters. Das »Haus der Domchöre« am Mittleren Kaulberg 35 ist nicht nur Probenraum für die Sängerinnen und Sänger, sondern auch ein Spiel- und Begegnungstreff mit großem Garten, Tischtennisplatte, Fußballtor und Basketballkorb. Und am Profi-Pizzabackofen ist schon manche Probe gesellig zu Ende gegangen.

Seit 2003 singt am Dom auch gelegentlich ein Vokalensemble, das seit 2009 Capella Henrici heißt. Es wurde vom Domorganisten gegründet, der es auch leitet. Und wenn im Dom gelegentlich Popmusik erklingt, dann kommt das »Neue Geistliche Lied« zum Einsatz.

28 Der Domplatz

Ein Galgen stand hier nur als Filmkulisse

Manche nennen den Domplatz einen der schönsten Plätze Europas, und da ist sicher etwas dran. Das war aber nicht immer so. Jahrzehntelang war der Domplatz einer der meistgenutzten Parkplätze der Stadt, erst seit 1980 ist hier das Parken nur noch zu Gottesdienstzeiten erlaubt. (Tipp für Touristen: Das ist ernst gemeint, nach Ende der Messzeiten werden rigoros Strafzettel verteilt.) Den heutigen Namen trägt der Domplatz offiziell erst seit 1949. Früher nannte man ihn Hofplatz oder Burgplatz, denn vermutlich stand an dieser Stelle die 902 erstmals erwähnte Burg der Babenberger, aus der Bamberg hervorgegangen ist. Im 19. Jahrhundert trug der Platz den Namen der Königin, was erklärt, warum er heute die Karolinenstraße von der Oberen Karolinenstraße trennt.

Neben dem Dom und den Renaissancebauten der Alten Hofhaltung beherrscht den Platz das Barock-Ensemble der Neuen Hofhaltung, der ehemalige Amtssitz der Fürstbischöfe, wo sich heute die Staatsbibliothek befindet.

1777 und 1778 wurde ein Teil der Alten Hofhaltung abgebrochen und das Niveau des Platzes abgesenkt, um einen direkten Zugang von der Innenstadt aus zu ermöglichen. Spuren dieser Veränderung sind noch deutlich zu sehen, wenn man über die Karolinenstraße den Domberg besteigt und linker Hand an der Hausfassade ein scheinbar nutzloses Eingangstor sieht, das sich anderthalb Meter über dem Gehweg befindet.

Auch wenn sich das architektonische Umfeld des Domplatzes in den vergangenen Jahrhunderten immer wieder verändert hat, würde sich ein Domherr aus dem Jahr 1600 heute vermutlich immer noch gut zurechtfinden. Deshalb diente er immer wieder als Filmkulisse, etwa 2010 für »Die drei Musketiere« oder 2021 für die Netflix-Serie »The Empress«. Dabei sorgte kurzzeitig der Aufbau eines großen Galgens mitten auf dem Domplatz für Irritationen in der Bevölkerung.

29 Die Dompropstei

Wo der Weihbischof wohnt

Der Bamberger Dom gehört nicht etwa, wie viele meinen, dem Bischof oder dem Erzbistum, sondern dem Domkapitel. Dieses wurde 1821 aufgrund eines Staatsvertrags zwischen dem Papst und dem bayerischen König als Metropolitankapitel (Bamberg war inzwischen zum Erzbistum aufgestiegen) neu eingerichtet. Diesem Gremium übertrug der König das Eigentum an der Kathedrale. Die Mitglieder werden jeweils im Wechsel von den aktiven Domkapitularen gewählt beziehungsweise vom Erzbischof frei ernannt. Das Domkapitel besteht aus sechs Domvikaren, zehn Domkapitularen und zwei Dignitären, nämlich dem Domdekan, der die inneren Angelegenheiten regelt, und dem Dompropst, der das Gremium als dessen Vorsteher (daher der Titel, der sich von lat. »praepositus« ableitet) nach außen repräsentiert. Der Dekan wird von den Mitgliedern gewählt, der Propst vom Erzbischof bestimmt.

In Bamberg ist das Amt des Dompropstes in der Regel mit dem Weihbischof besetzt. In dieser Kombination ist der Amtsinhaber nach dem Erzbischof der wichtigste Geistliche am Domberg. Seinen Sitz hat der jeweilige Dompropst beziehungsweise Weihbischof in der sogenannten Dompropstei (Domstraße 5). In den Jahren 1705/06 ließ der Domherr Franz Friedrich von Greiffenclau zu Vollrads die barocke Anlage von Leonhard Dientzenhofer errichten. Das Wappen der Herren von Greiffenclau ist daher über dem Eingangsportal zu sehen. Oben im Giebel weist das Wappen der Grafen von Sickingen samt Inschrift darauf hin, dass das Anwesen 1775 unter Wilhelm von Sickingen renoviert wurde.

Der Innenhof wird von einer mächtigen Edelkastanie mit einem Umfang von fünf Metern beherrscht. Sie spendet im Sommer Schatten, wenn nach der Priesterweihe hier der Empfang stattfindet. Es kommt auch vor, dass der Weihbischof im Herbst seine Kollegen aus dem Domkapitel zu heißen Maroni in seine Wohnung im ersten Stock einlädt.

ISTAS FVNDITVS EREXIT

30 Die Domschule

Wo ein Heiliger und ein Ministerpräsident lernten

Eine Domschule gibt es in Bamberg schon so lange wie den Dom. Kaiser Heinrich gründete sie zusammen mit dem Bistum. Ob sie sich an derselben Stelle befand, wo heute das Schulhaus zwischen Domplatz und Jakobsplatz steht, ist nicht überliefert, es ist aber durchaus möglich. Die Domschule erlangte schnell im ganzen Reich einen guten Ruf. Und sogar ein Heiliger gehörte zu den Absolventen: Erzbischof Anno von Köln, der von 1010 bis 1075 lebte, besuchte die Domschule und kehrte später als Lehrer zurück, bevor er Regent des Römisch-Deutschen Reiches wurde. Im 12. Jahrhundert genossen 15 außerbambergische Bischöfe ihre Ausbildung an der Bamberger Domschule.

Im 13. Jahrhundert verlor sie ihre bisherige Bedeutung und wurde zu einer Bildungsstätte für den niederen Klerus. Auch diese Funktion ging schließlich verloren, als 1586 ein Gymnasium und ein Priesterseminar eröffnet wurden.

Mit der Säkularisation 1802 wurde die Domschule aufgelöst. Die Notwendigkeit einer Schule im Domdistrikt erkannte dann der Magistrat 1880 und beschloss den Bau eines neuen Schulhauses, das am 2. Mai 1882 eingeweiht wurde. Damit zählt die Domschule zu den ältesten Volksschulgebäuden der Stadt. Die Klassenstärke betrug etwa 80 Kinder, bei 100 Schülern wurde die Klasse geteilt. Die bisherige »Elementarschule des IV. Distrikts« erhielt im Jahr 1901 den offiziellen Namen »Domschule«.

Heute ist die Domschule trotz ihres kirchlichen Namens in Trägerschaft der Stadt Bamberg – auch wenn die Verbindung zum Dom natürlich weiter besteht. Einschulungsgottesdienste finden selbstverständlich in der Kathedrale statt.

Zur Liste der prominenten Besucher gehören der bayerische Ministerpräsident Hans Ehard und die Erfolgsautorin Tanja Kinkel, die in ihrer Biografie erwähnt, dass die Nähe der Domschule zu Alter Hofhaltung, Residenz und Dom ihr Interesse für Geschichte geweckt habe.

31_Der Domschweizer

Er sorgt für Würde und Ordnung

Wer an Weihnachten, Ostern, Pfingsten oder anderen hohen Festen Wert auf freie Tage legt, sollte sich nicht um die Aufgabe des Domschweizers bewerben. Bei jedem Festgottesdienst im Dom zieht der Domschweizer in seinem festlichen roten Gewand mit umlaufenden schwarzen Streifen, schwarzer Kopfbedeckung, weißen Handschuhen und einem Stab mit Silberknauf noch vor dem Bischof und den Domkapitularen in das Kirchenschiff ein. Der Domschweizer führt die Prozession auf den richtigen Weg zum Altar und sorgt für Ruhe und Ordnung während der Messfeier.

Die jahrhundertealte Tradition des Domschweizers geht auf die sogenannten Domstäbler im Mittelalter zurück, die während der Gottesdienste in den Seitenschiffen auf und ab gingen, um für Ruhe zu sorgen. Bereits Anfang des 19. Jahrhunderts gab es eine »Kultpolizei«, deren Uniformen an die französischer Offiziere angelehnt waren. Der Begriff »Schweizer« soll von ausländischen Söldnern abgeleitet sein, die als Wachpersonal ihr Geld verdienten – so wie die Schweizergarde im Apostolischen Palast in Rom.

Der Domschweizer hat stets im Blick, dass sich alle Besucher der Würde der Kathedrale angemessen verhalten und beispielsweise niemand seine Brotzeit auspackt oder mit dem Handy zockt. Außerhalb der Gottesdienstzeiten übernehmen – ohne prunkvolle Uniformen – die Domaufsichten diese Aufgabe. Bei über einer Million Besuchern pro Jahr sorgen sie freundlich, aber bestimmt dafür, dass es im Dom nicht zugeht wie in einer Bahnhofshalle und alle Besucher angemessene Kleidung tragen.

Mit Ausnahme der großen Wallfahrtskirchen wie Gößweinstein und Vierzehnheiligen und Kathedralen sind die Kirchenschweizer im Laufe der Zeit aus den Gotteshäusern verschwunden. Auch der Beruf des Domschweizers unterliegt dem Wandel der Zeit: Am Kölner Dom dürfen seit 2019 sogar Frauen diese Aufgabe wahrnehmen.

32 Die Domuhr

Maßgeblich in allen Zweifelsfällen – bis 1854

Als es noch keine Atomuhr und auch keine telefonische Zeitansage gab, war die auf der Domuhr angezeigte Zeit maßgeblich für die Stadt Bamberg. Die heutige Uhr im Nordostturm stammt aus dem Jahr 1938 und ist damit ziemlich modern. Da bereits im 14. Jahrhundert fast alle Kirchen mit Turmuhren ausgestattet wurden, ist davon auszugehen, dass dies auch am Dom schon frühzeitig der Fall war. Auf einem Gemälde des Bamberger Malers Wolfgang Katzheimer, der von 1430/35 bis 1508 lebte, ist auf dem Domturm eine Uhr zu sehen, und zwar exakt dort, wo sich bis heute das Ziffernblatt befindet. Verbürgt ist, dass 1529 das Domkapitel eine Domuhr in Auftrag gab. Damit wurde zugleich der Glockenschlag zur vollen Stunde von der Heinrichs- auf die Kunigundenglocke verlegt. Ziemlich neumodisch in der damaligen Zeit war es, dass erstmals auch die Viertelstunden angeschlagen wurden.

Während dieses Uhrwerk nach nur rund 30 Jahren durch ein neues ersetzt werden musste, war das Nachfolgemodell tatsächlich bis 1927 in Betrieb. Für längere Reparaturarbeiten, und davon sind einige überliefert, wurde das alte Uhrwerk stets als Ersatz bereitgehalten.

Die Firma Kachelmann Getriebe mit heutigem Sitz in Strullendorf berichtet in ihrer Firmenchronik, dass der Kunstschlosser Jakob Kachelmann 1906 als neues Betätigungsfeld die Reparatur von Turmuhren entdeckte und unter anderem die Zeitmesser der Michaelskirche, der Martinskirche, der Jakobskirche und der Stephanskirche sowie des Rathauses reparierte. Drei Jahre später erhielt er den spektakulären Auftrag, die Domuhr zu reparieren, und durfte sich seitdem »Domkapitelscher Turmuhrmeister« nennen. Es war die letzte bis heute vermerkte Reparatur (nach 1692, 1754 und 1854), bevor 1938 die heutige Uhr aus Osnabrück geliefert wurde.

Die Funktion, die Bamberger Normalzeit anzuzeigen, musste der Dom allerdings schon 1854 abgeben, und zwar ans Rathaus.

33 Ekbert von Andechs-Meranien

Der Ekbertdom, der keiner ist

Schon die Tatsache, dass Bischof Ekbert von Andechs-Meranien zur Weihe des heutigen Doms am 6. Mai 1237 nicht anwesend war, spricht Bände: Der Dom war wohl nicht sein Projekt. Nachdem er zunächst in Wien beigesetzt worden war, wurde sein Leichnam 1246 nach Bamberg überführt. Die Grabplatte seiner Tumba, die etliche mittelalterliche Graffiti aufweist, befindet sich heute links der Sakramentskapelle.

Ekbert gehörte der mächtigen Familie der Grafen von Andechs-Meranien an: Sein Bruder war Markgraf von Istrien, seine Schwester Königin von Ungarn, die Mutter der heiligen Elisabeth von Thüringen, sein Großonkel Otto war einer seiner Vorgänger als Bamberger Bischof. Ekbert, der bei seiner Wahl nur etwa 28 Jahre alt war, wurde von Papst Innozenz III. persönlich zum Bischof geweiht. Der Dombau war damals schon einige Jahre im Gange. Als im Jahr 1208 Philipp von Schwaben in der Bamberger Bischofspfalz ermordet wurde, musste sich Ekbert ins Ausland absetzen. Heute nimmt man jedoch an, dass er persönlich nicht in den Mordfall verwickelt war.

Eine Baufuge lässt bis heute erkennen, dass die politischen Turbulenzen wohl auch zu einer Unterbrechung des Domneubaus führten. Weil sich Ekbert in der Folgezeit stark im Dienst von König und Reich engagierte, hielt er sich häufig nicht in seiner Bischofsstadt auf. Da der Dom größtenteils während seiner Amtszeit erbaut wurde, sprach man vom »Ekbertdom«, um ihn vom Gründungsbau unter Kaiser Heinrich II. zu unterscheiden. An sich ist diese Namensgebung schon allein deshalb nicht angebracht, weil ein Dombau mindestens genauso sehr Angelegenheit des Domkapitels gewesen ist. Um die »Auszeichnung eines Unbeteiligten« handelt es sich bei dieser Namensgebung jedoch nicht, schließlich half Ekbert bei der Finanzierung des Neubaus und weihte darin auch einen Altar.

IN CHRO PATER ET
DNS ECKENBERTUS MARCHIO DE ANDECHS
EPS BAMB: OBIIT 3 IUNII ANNO 1237

34 Der Eselsstall

Basislager der Dombauhütte

Wie alle mittelalterlichen Kirchen war auch der Vorgängerbau des Heinrichsdoms, die Burgkirche aus dem frühen 9. Jahrhundert, die sich an Stelle des heutigen Doms befand, von einem Friedhof umgeben. Schließlich hofften die Christen früherer Zeiten darauf, durch ein Begräbnis an (oder bei Höhergestellten sogar in) der Kirche dem ewigen Heil näher zu sein. Im Jahr 2013 zeigten Ausgrabungen auf dem Domkranz, dass sich auch östlich vor dem Dom ein stark in Anspruch genommener Bestattungsplatz befunden hat.

Spätestens seit dem 14. Jahrhundert existierte auf der Nordseite des Doms zwischen dem Stützpfeiler und dem Fürstenportal ebenfalls ein Friedhof, der zunächst für die verstorbenen Stuhl- und Ritterbrüder gedacht war, später aber von der Dompfarrei genutzt wurde. An sich war der Dom keine Pfarrkirche, die Pfarreien der Stadt waren die Obere Pfarre und St. Martin. Aber für die Angestellten des Domstifts und die Bewohner der Domburg gab es eine eigene kleine Gemeinde, die am Veitsaltar im Dom ihren Sitz hatte.

Als »Eselsstall« wurde dieser kleine Gottesacker erstmals im Jahr 1491 bezeichnet, wobei die Herkunft dieses eigenartigen Namens im Dunkeln liegt. Angeblich wurde der Begriff von den grauen Umhängen der Stuhlbrüder abgeleitet (eine Bruderschaft, deren Mitglieder die Gottesdienste im Dom unterstützten). Dass es sich einst um eine Stallung für die Tiere gehandelt haben soll, die den Handwerkern beim Dombau halfen, ist wohl schon allein aus liturgischen Gründen ins Reich der Legende zu verweisen. Wie auf anderen Kirchhöfen auch gab es eine Ölberggruppe, deren Figuren heute im Kreuzgang des Diözesanmuseums besichtigt werden können, sowie einen Karner, der für die Aufnahme ausgegrabener Knochen bestimmt war. Heute ist der kleine Platz »Basislager« der Dombauhütte, um von dort aus mittels eines Lastenaufzugs die Gerüste an den Osttürmen zu erreichen.

35 Friedrich Philipp von Abert

Als Schneidersöhne noch adelig werden konnten

Friedrich Philipp Abert wurde als Sohn eines Schneiders im unterfränkischen Münnerstadt geboren und machte zunächst akademische Karriere: Er wirkte im Würzburger Priesterseminar, bevor er als Professor für Dogmatik zunächst nach Regensburg und dann nach Würzburg wechselte. Dort war er 1900/01 auch Rektor der Universität. Er war mit seinen Professorenkollegen Albert Ehrhard und Herman Schell befreundet, die damals von recht(s)gläubigen Kreisen des sogenannten Modernismus verdächtigt wurden, sodass auch Abert in Verdacht geriet, nicht ganz linientreu zu sein. Trotzdem wurde er 1905 Erzbischof – das Vorschlagsrecht hatte der bayerische Staat in der Person von Prinzregent Luitpold. Nicht geschadet haben dürfte dem Kandidaten, dass der damalige bayerische Kultusminister Anton von Wehner ein Klassenkamerad von ihm war.

Mit der Erhebung zum Erzbischof wurde Abert automatisch Reichsrat der Krone Bayerns. Durch die Verleihung des Verdienstordens der bayerischen Krone erhielt er den »persönlichen Adel«, durfte sich also »von« Abert nennen. Als es ihm 1908 gelungen war, das Misstrauen der Kurie gegen ihn auszuräumen, wurde er zudem zum päpstlichen Thronassistenten und Comes Romanus (römischen Grafen) ernannt. Abert starb 1912, noch nicht ganz 60 Jahre alt, und erhielt ein eindrucksvolles Wandfigurengrabmal aus rotem Marmor, das der Münchner Bildhauer Balthasar Schmitt geschaffen hat. Auf dem Pallium, das ein Relief des Erzbischofs trägt, ist sein Wahlspruch »Durch Liebe stark und gütig« in lateinischer Sprache eingemeißelt.

Auch wenn die seither erfolgte weitgehende Entflechtung von Staat und Kirche sicher zu begrüßen ist, zeigt sein Beispiel, dass damals staatliche Kräfte allzu starker kirchlicher Einseitigkeit vorbeugen konnten. Ja mei, die gute alte Zeit …

36 Friedrich von Hohenlohe

Ein beeindruckendes Meisterwerk

Das eindrucksvolle Grabmal des Bamberger Fürstbischofs Friedrich von Hohenlohe stammt von einem Bildhauer, dessen Identität uns nicht bekannt ist. Da aber das Epitaph für den Würzburger Fürstbischof Otto von Wolfskehl vom selben Künstler stammt, spricht man in der Kunstgeschichte behelfsweise vom »Wolfskehl-Meister«.

Dieser Mann gilt als »einer der genialsten […] seiner Epoche, der den Zeitgeist am vollkommensten in Stein umsetzen konnte« (Georg Lill). Hohenlohe, der 26. Bischof von Bamberg, ist als Greis in seiner ganzen Gebrechlichkeit dargestellt, die ausgezehrte Gestalt verweist schon auf das Jenseits. Der Faltenwurf des Gewandes lenkt den Blick des Betrachters auf den asketisch wirkenden Leib des Bischofs, das hagere Gesicht tut ein Übriges: Hier soll kein Kirchenfürst dargestellt werden, sondern es werden die Zeitumstände angedeutet, unter denen Hohenlohe wirkte: Der »Schwarze Tod«, die Pest, raffte damals etwa ein Drittel der Einwohner Europas dahin.

An Friedrich von Hohenlohe können wir auch ein Phänomen beobachten, das im Spätmittelalter keine Seltenheit war: die Ämterhäufung und den Verzicht auf die Bischofsweihe. Bevor er 1344 vom Papst zum Bischof von Bamberg ernannt wurde, war er Domdekan von Bamberg, Würzburg und Passau sowie Propst von St. Stephan in Bamberg gewesen. Die Bischofsweihe hat er wie beispielsweise auch seine späteren Nachfolger Friedrich von Truhendingen oder Albrecht von Wertheim nie empfangen, die nötigen Pontifikalhandlungen vollzog ein Weihbischof.

Über dem Epitaph sind unterhalb der Grabinschrift die Wappen des Hochstifts Bamberg und der Grafen von Hohenlohe aufgemalt. Die Inschrift lautet in deutscher Übersetzung: »Im Jahr des Herrn 1352 am Tag des hl. Apostels Thomas (d.h. am 21. Dezember) starb Herr Friedrich von Hohenlohe, Bischof dieser ehrwürdigen Bamberger Kirche. Seine Seele ruhe in Frieden.«

37 Friedrich von Schreiber

Hier besteht Verwechslungsgefahr mit dem Papstgrab

Betritt man den Dom durch die Gnadenpforte, stößt man gleich linker Hand auf eine Grabtumba, die einen aus rotem Marmor gemeißelten liegenden Bischof zeigt. Da das Bamberger Papstgrab demgegenüber sehr versteckt liegt und eher schmucklos erscheint, vermuten viele Besucher, dass es sich bei dem prunkvoll gestalteten Grabmal am Eingang um die Grabstätte Clemens' II. handeln müsse. Dem ist aber nicht so: Hier liegt der 1890 verstorbene Friedrich von Schreiber, der fünfte in der Reihe der Bamberger Erzbischöfe. Das redende Wappen auf der Tumba, das neben dem Hochstiftswappen zu sehen ist, setzt den Namen des Oberhirten mittels zweier gekreuzter Schreibfedern grafisch um. Geschaffen wurde das Grabmal nach dem Ersten Weltkrieg von Akademieprofessor Balthasar Schmitt aus München.

In den 15 Jahren seiner Amtszeit zeichnete sich der aus Bissingen in Schwaben stammende Schreiber durch Maßnahmen aus, die den sozialen Umbrüchen der Zeit gerecht werden sollten. Er förderte das katholische Vereinswesen, insbesondere die Arbeitervereine, und stärkte die Seelsorge in der Diaspora, so beispielsweise durch die Einrichtung einer zweiten Pfarrei in der sich damals stark ausdehnenden Großstadt Nürnberg.

Auch die christliche Fürsorge fand in ihm einen eifrigen Förderer, er rief Einrichtungen für Taubstumme, weibliche Hausangestellte und arbeitslose Frauen ins Leben, die er den damals blühenden sozial engagierten Frauenorden anvertraute und die unter veränderten Vorzeichen bis heute bestehen. Auch die Kirchenmusik und das Knabenseminar Ottonianum fanden in ihm einen an den drängenden Fragen der Zeit orientierten Gönner, lag ihm doch die quantitative, aber vor allem auch die qualitative Entwicklung des Priesternachwuchses besonders am Herzen. Es hatte dem Erzbistum also nicht geschadet, dass mit Schreiber nicht etwa ein kirchlicher Verwaltungsfachmann, sondern ein einfacher Pfarrer Erzbischof geworden war.

38 Die Fronleichnamsprozession

Demonstration des Glaubens

Wem etwas sehr am Herzen liegt, der geht dafür auf die Straße. Die jährliche Fronleichnamsprozession in Bamberg ist eine der größten Glaubensdemonstrationen in Bayern. Der bewegliche Festtag am zweiten Donnerstag nach Pfingsten heißt offiziell »Hochfest des Leibes und Blutes Christi«. Tausende ziehen vom Dom aus durch die Altstadt und tragen Jesus Christus in Gestalt des Brotes in der goldenen Monstranz durch die Straßen. Die Bamberger Fronleichnamsprozession gibt es nachweislich seit 1390. In ihrer über 600-jährigen Geschichte hat sich die Strecke mehrmals verändert. Ende des 15. Jahrhunderts zog die Prozession vom Dom in die Alte Hofhaltung und wieder zurück, wobei die Häupter von Heinrich und Kunigunde vorweggetragen wurden. Seit 1822 ist das Domkapitel für die Durchführung der Prozession verantwortlich, die in der Nazizeit zu einer Demonstration der Kirche gegen den Machtanspruch der NSDAP wurde.

Nach dem Krieg wurde die Zahl der Stationen auf zwei reduziert, 1985 auf vier erhöht. Heute ziehen die Gläubigen vom Domplatz über die Residenzstraße, am Markusplatz vorbei zum Holzmarkt und von dort über den Grünen Markt und die Obere Brücke zum Domplatz zurück. Die Aufstellung ist präzise geregelt: Hinter dem Prozessionskreuz gehen die Angehörigen der Pfarreien, es folgen Bruderschaften, Innungen und Vereine, Verbände, Wallfahrerbruderschaft, Arbeiter- und Handwerkerschaft, dahinter das Domkreuz. Danach kommen Universität, Ministranten, Ordensmänner, Domchor und Mädchenkantorei, Priesteramtskandidaten und das Domkapitel. Das Allerheiligste wird vom Erzbischof getragen, es folgen Grabesritter, Deutscher Orden, Malteser, Vertreter von Behörden und Institutionen, Dekanatsrat und Ordensfrauen. Auch für Stadträte oder Bürgermeister ist die Fronleichnamsprozession ein Pflichttermin, selbst wenn sie andersgläubig sind.

ANTIQUARIAT
LORANG
ZONE
7,5t

39 Das Fürstenportal

Wo man sieht, wie ein Bischof zur Hölle fährt

Das prunkvolle Fürstenportal an der nördlichen Längsseite des Doms ist wie ein Wimmelbild, auf dem man immer Neues entdeckt. Dabei sieht der Betrachter die Figuren heute aus einem anderen Blickwinkel als zur Zeit der Erschaffung in der ersten Hälfte des 13. Jahrhunderts. In der Barockzeit wurde der Domplatz abgesenkt, sodass man heute tiefer steht als im Mittelalter.

Links und rechts der Tür sind die zwölf Apostel auf den Schultern der Propheten dargestellt. Damit wird ausgedrückt, dass das Alte Testament die Grundlage bildet für das Neue Testament. Im Zentrum über dem Tor im Tympanon ist das Jüngste Gericht zu sehen: In der Mitte thront Christus, zu dessen Füßen durch zwei personifizierte Seelen die Auferstehung angedeutet ist. Rechts von ihm stehen die Seligen, die in den Himmel kommen, links von ihm die Verdammten. Kein Fremdenführer vergisst zu erwähnen, dass sich auf der Seite der Verdammten mit ihren hämisch grinsenden Mienen auch ein Kaiser, ein Bischof und ein Papst finden, die vom Teufel an einer Kette abgeführt werden. Kirchliche Würdenträger sind auf der Seite der Seligen nicht zu sehen, wohl aber die heiligen Bistumspatrone Heinrich und Kunigunde. Vom Betrachter aus ganz links sind die drei Seligen zu sehen, deren glückliche Gesichter als das »Bamberger Lächeln« bekannt sind. Berühmt sind auch die beiden Frauenfiguren, die das Portal einrahmen und für das Alte und Neue Testament stehen.

Der Begriff »Fürstenportal« ist erstmals aus dem Jahr 1835 überliefert, als es gar keine Fürstbischöfe mehr gab. Das Portal ist zur einstigen Residenz der Fürstbischöfe auf der anderen Seite des Domplatzes hin ausgerichtet. Es wird nur zu besonderen Anlässen geöffnet, etwa zu Ostern, Fronleichnam, zum Heinrichsfest, zum Christkönigsfest oder zur Beerdigung von Bischöfen. Im Winter wird es vor der Witterung durch eine Holzverkleidung mit einem Foto in Originalgröße geschützt.

40 Georg Karl von Fechenbach

Der letzte Herzog von Franken

»Die ehrwürdige, tausendundsechzig Jahre [742–1802] lang ruhmvolle Reihe der Fürstbischöfe von Würzburg, die zugleich Herzöge waren, endet mit dem Tod des Bischofs von Bamberg und Würzburg, Fürst des Heiligen Römischen Reiches und Herzog von Ostfranken etc. etc. Georg Karl aus dem Geschlechte der Freiherren von Fechenbach zu Laudenbach« – so lautet übersetzt die Inschrift eines Grabmals, das sich rechts vom Fürstenportal im nördlichen Seitenschiff befindet.

Georg Karl (1749–1808) war von 1795 an bis 1802 als letzter Fürstbischof von Würzburg auch der letzte in der Reihe der Herzöge von Franken. Da sich in Franken, dem heutigen Norden Bayerns, geistliche Staaten etablieren konnten, kam es hier nicht wie anderswo zur Ausbildung weltlicher Herzogtümer, sodass schließlich die Würzburger Bischöfe den Anspruch erhoben, die Stelle eines Herzogs einzunehmen. Von 1805 bis 1808 fungierte Fechenbach zusätzlich als Bischof von Bamberg, war dort aber wegen der inzwischen erfolgten Säkularisation bereits kein Fürstbischof mehr – sein Onkel und Bamberger Vorgänger Christoph Franz von Buseck (Regierungszeit 1795–1805) hatte 1802 als solcher abgedankt. Beide sind hier nebeneinander bestattet.

Auf dem Grabmal sind im Wappen des Verstorbenen neben dem Familienwappen der Fränkische Rechen (zeigt in Rot drei silberne Spitzen) sowie das Würzburger Rennfähnchen zu sehen. Rennfähnchen und Rechen tauchen erstmals in der ersten Hälfte des 14. Jahrhunderts als Symbole für das Bistum und Hochstift Würzburg auf. In späterer Zeit zählte das Rennfähnchen als Zeichen für das Hochstift, während der Rechen das Herzogtum Franken anzeigte. Bis heute ist der rot-weiße Rechen als fränkischer Identitätsmarker gegenüber all denjenigen wichtig, die irrtümlich meinen, ganz Bayern kenne nur die Farben Weiß und Blau.

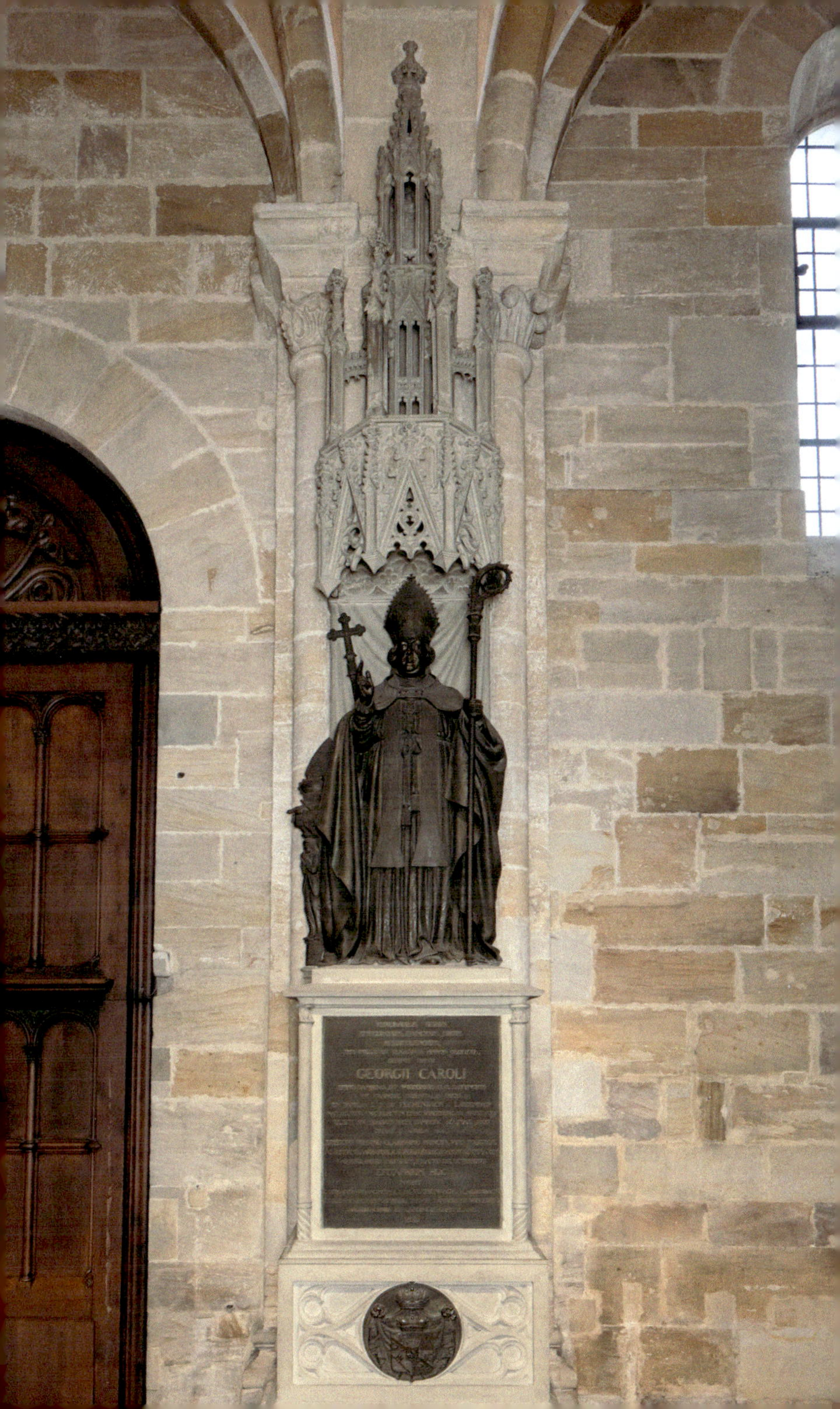
GEORGII CAROLI

41 Georg Schenk von Limpurg

Der Bischof, den Luther lobte

Georg Schenk von Limpurg, der in Ingolstadt, Basel und Pavia studiert hatte, wurde als Bamberger Dompropst 1505 einstimmig zum Bischof gewählt. In seiner Amtszeit blühten an der Regnitz humanistisch geprägte Bildung und die Künste. Tilman Riemenschneider stellte 1513 das Kaisergrab fertig, das bis heute als eines seiner Hauptwerke inmitten des Doms steht. 1517 ließ sich der Bischof von Albrecht Dürer malen, und 1520 erstellte ihm Dr. Faustus ein Horoskop. Sein Hofmeister Johann von Schwarzenberg verfasste die Bamberger Halsgerichtsordnung, die prägend für die deutsche Rechtsgeschichte werden sollte.

Johann Wolfgang von Goethe setzte dem Bamberger Bischof später in seinem Schauspiel »Götz von Berlichingen« ein literarisches Denkmal als Gegenpart seines Protagonisten.

Im Humanistenkreis des bischöflichen Hofes fanden sich auch etliche Sympathisanten des Reformators Martin Luther, war doch die zum Bistum Bamberg zählende Großstadt Nürnberg eines der geistigen Zentren der Zeit. Luther hatte den Bischof auch selbst in einem Schreiben gelobt – allerdings starb dieser schon 1522, noch bevor sich die verheerenden Auswirkungen der von Wittenberg ausgehenden Umwälzungen im katholischen Franken manifestiert hatten.

Beim Grabmal für Bischof Georg handelt es sich um eines der Hauptwerke des bedeutenden Eichstätter Bildhauers Loy Hering. Es zeigt den Oberhirten stehend in einer Nische, bekleidet mit den liturgischen Gewändern eines Bischofs, der einen Kreuz- beziehungsweise Bischofsstab in den Händen hält. Bei diesem Epitaph, das sich im Westchor befindet und nur im Rahmen von Domführungen besichtigt werden kann, wird erstmals in Bamberg die Formensprache des Zeitalters der Renaissance deutlich, dessen herausragender Vertreter in der Bistumsgeschichte Bischof Georg gewesen ist.

BLANCKEBVRG HOENLOH THIRSTEIN LIMPVRG
HOENBVRG ROCZINS THIRSTEIN WERTHEIM
GEORGIVS BARO DE LIMPVRG SACRI ROMANI IMPERII
PINCERNA BABENBERGENSI ECCLESIE ANNIS XVII MENSIBVS
IIII EPISCOPVS PREFVIT QVI DIE VLTIMO MAII SALVTIS AÑO
M D XXII OBIIT

42 Der Georgsaltar

Ein frühneuzeitlicher Comic

Im Jahr 1575 beauftragte der damalige Fürstbischof Veit II. von Würtzburg den Hofmaler Jakob Ziegler, ein Altarretabel für den Georgsaltar im Ostchor zu malen. Auf diesem Hauptaltar des Doms blieben die 16 Tafeln mit Szenen aus der Georgslegende allerdings nur 40 Jahre. Heute sind sie an der Nordwand des Nordquerhauses angebracht. Acht davon weisen auf der Rückseite Szenen aus der Passion Christi auf, denn ursprünglich waren die Tafeln nach Art eines Flügelaltars angeordnet.

Die 16 Georgsszenen zeigen die Taufe der Königstochter, den Ritterschlag des heiligen Georg, die Menschenopfer, die dem fürchterlichen Drachen dargebracht wurden, den Drachenkampf des Heiligen, die Geißelung Georgs mit Ketten und sein Gebet vor einem Kreuz, den Sturz eines Götzenbildes aufgrund seines Gebets, seine Haft im Kerker, seine Marter in einem mit Nägeln ausgestatteten Fass sowie die weiteren Foltermethoden seiner Passion: das Schleifen, das Rädern und das Rösten auf einem glühenden Blech, seine Enthauptung und die Hinrichtung seiner Gefährten.

Abgeschlossen wird die Bildfolge mit dem Sturz des Kaisers sowie mit einer Begebenheit aus dem Leben des heiligen Heinrich, dem bei einer Schlacht gegen die Wenden der heilige Georg – als Patron der Ritter – erschienen sein soll. Diese Abfolge von Szenen aus dem Leben des Heiligen macht deutlich, dass die Legende um den Drachentöter nicht nur aus dem Kampf gegen den Drachen besteht, sondern wesentlich umfangreicher ausgeschmückt gewesen ist. Anhand des Altaraufbaus konnten sich die Gläubigen im wahrsten Sinn des Wortes ein Bild davon machen, ganz ähnlich wie man heute eine Comicgeschichte erzählt. Noch immer ist der heilige Georg einer der beliebtesten Volksheiligen in Franken. So zählt etwa der Georgiritt, der in jedem Jahr am Ostermontag in Effeltrich durchgeführt wird, zu den beeindruckendsten Ausdrucksformen fränkischen Brauchtums.

43 Die Georgschorschranken

Apostel und Propheten im Gespräch

Chorschranken werden die Mauern genannt, die einst den Bereich der Kleriker, also den Chorraum, vom restlichen Gotteshaus abtrennten. Im Bamberger Ostchor zeigen sie auf der Südseite zwölf Apostel und auf der Nordseite zwölf Propheten in je sechs Zweiergruppen. Vor allem bei den Aposteln sind noch Reste der ursprünglichen Bemalung zu erkennen, die im Mittelalter alle Skulpturen des Doms auszeichnete und im 19. Jahrhundert radikal entfernt wurde. Geschaffen wurden die Reliefs etwa 1215/25 von der sogenannten »älteren Bildhauerwerkstatt«. Es ist umstritten, ob dabei ein einzelner Bildhauer über einen längeren Zeitraum wirkte oder ob es sich um eine Gruppe von Künstlern handelte – jedenfalls lassen die Figuren Einflüsse der zeitgenössischen Buchmalerei sowie eine gewisse Experimentierfreude erkennen.

Die Apostel haben jeweils ein Spruchband bei sich, auf denen ursprünglich Sätze aus dem Apostolischen Glaubensbekenntnis notiert waren, gemäß der klassischen Vorstellung, dass jedem Apostel ein spezielles Glaubensgeheimnis anvertraut wurde. Eine Benennung der Figuren ist nur zum Teil möglich, da nur wenige ihr Kennzeichen, das sogenannte Attribut, bei sich tragen, wie zum Beispiel Petrus den obligatorischen Schlüssel oder ihm gegenüber sein Bruder Andreas das Doppelkreuz. Den Propheten waren Sätze aus ihren Büchern als typologische Weissagungen für die Zeit des Neuen Testaments zugeordnet: Wir haben also ein ähnliches Thema wie am Fürstenportal vor uns, nämlich den Zusammenhang zwischen Altem und Neuem Bund, Apostel und Propheten beziehen sich aufeinander.

Das intensive Einander-zugewandt-Sein der Figuren verdeutlicht auch noch Jahrhunderte nach ihrer Entstehung, dass hier existenzielle Dialoge stattfinden, Gespräche, die unter die Haut gehen, dass hier Worte gewechselt werden, die es in sich haben – ganz so, wie es auch heute noch in unseren Gottesdiensten sein soll.

44 Die Glocken

»Kunigunde« ist älter als der Dom und hat ein Loch

Man kann sie besser hören als sehen, und das bereits seit 800 Jahren. So lange hängen die Kaiserglocken schon in den Domtürmen. Die Glocke mit dem Namen Kunigunde ist sogar noch älter als der Dom. Als der erste Heinrichsdom nach dem Brand im Jahr 1185 wieder aufgebaut wurde, hing sie bereits auf der Baustelle in einem frei stehenden Glockenstuhl. Als größte noch existierende mittelalterliche Bienenkorbglocke gehört sie zu den wertvollsten Glocken der Welt. Etwa 120 Jahre jünger ist die Heinrichsglocke, beide haben jahrhundertelang Kriege, Hungersnöte und Katastrophen überstanden und erklingen nur zu besonderen Anlässen.

Die Kunigunden-Glocke hat ein kleines Loch, zu dem es eine Legende gibt: Das Kaiserpaar soll sich gestritten haben, welche der beiden Glocken den schöneren Klang hat. Kunigunde warf aus großer Entfernung einen Ring und sagte: »Wenn der Ring meine Glocke trifft, ist das der Beweis, dass sie schöner klingt.« An der Stelle, wo der Ring die Glocke berührte, soll das Loch entstanden sein, ohne dass es den Klang trübte.

Es gibt noch fünf weitere Glocken, mit den Namen Michael, Otto, Peter, Georg und Maria. Hinzu kommen die Mess-, die Armeseelen- und die Apostelglocke, sie alle hängen in den zur Stadt gewandten Osttürmen. Wann sie läuten, ist genau festgelegt in der Läuteordnung, die aus dem Jahr 1906 stammt und seitdem mehrmals überarbeitet wurde: Sie laden zum Gottesdienst ein, strukturieren den Tag, rufen zum Gebet auf und weisen auf den Tod des Papstes, des Bischofs oder eines Domkapitulars hin. Am Freitag um 15 Uhr wird an die Sterbestunde Jesu erinnert, Samstag um 14 Uhr der Sonntag eingeläutet. Das große Geläut mit allen zehn Glocken ist an Hochfesten wie Weihnachten zu hören. Während bis 1937 bis zu acht Glöckner nötig waren, um die fünf Tonnen schwere Heinrichsglocke zu läuten, funktioniert das heute kräfteschonend per Handy-App.

45_Die Gnadenpforte

Wo man Kunigundes Schuhgröße ablesen kann

Was heute Meter und Zentimeter sind, waren vor der Zeit von Meterstab und Maßband Elle und Fuß. Da jedoch bei allen Menschen die Körperteile unterschiedlich ausgebildet sind, brauchte es eine fest definierte Größe. Dass die »Bamberger Elle« genau 67 Zentimeter und der »Bamberger Fuß« 26,8 Zentimeter lang war, kann man noch heute an der Gnadenpforte im nördlichen Ostturm nachmessen. Wer schnell im Kopfrechnen ist, merkt sofort, dass eine Elle zweieinhalb Fuß umfasst. Die Maßeinheiten sind rechts in der Wand durch aus der Mauer herausragende Metallknöpfe markiert. Der Legende nach soll der Bamberger Fuß auf die heilige Kunigunde zurückgehen, was nicht sehr wahrscheinlich ist: Denn dann hätte sie nach heutigen Maßen Schuhgröße 44 gehabt.

Eine weitere Besonderheit befindet sich an der Gnadenpforte. Am linken Türpfeiler auf Augenhöhe ist eine in roter Farbe gezeichnete Skizze einer männlichen Figur mit Heiligenschein und einem Zepter zu sehen. Was wie eine flüchtige Kreidezeichnung aussieht, könnte tatsächlich aus der Bauzeit des Doms stammen. Wahrscheinlich war der hier verbaute Steinblock ursprünglich für eine Bildhauerarbeit gedacht und sollte eine Engelsfigur werden. Die aufgemalte Skizze störte auf dem Baustein nicht, denn im Mittelalter war das Portal mit Farbe gestrichen.

Die über der Tür dargestellten Figuren zeigen in der Mitte die thronende Muttergottes mit dem Jesuskind, weshalb das Portal auch Marienpforte genannt wird. Links sind die Dompatrone Georg und Petrus, ganz außen die Bauherren des Doms Bischof Ekbert und Dompropst Poppo von Andechs-Meranien. Auf der rechten Seite sehen wir die Bistumsgründer Heinrich und Kunigunde. Um wen es sich bei der zu Füßen der Muttergottes kauernden kleinen Person handelt, ist nicht ganz klar. Die Forschung nennt verschiedene Namen, offenbar ist es ein Kreuzfahrer, der das Portal gestiftet hat.

46 Gunthers Grabmal

Ein Mann mit schlagkräftigen Argumenten

Gunther, der von 1057 bis 1065 der fünfte Bischof von Bamberg war, wird in zeitgenössischen Quellen als »Zier und Säule des ganzen Reiches« bezeichnet. Gerühmt wird seine stattliche Erscheinung: Es heißt, er habe sich durch »hohen Wuchs, Schönheit der Körperbildung und Vollkommenheit des ganzen Leibes« ausgezeichnet – Eigenschaften, die für die Qualifikation als Bischof nicht unbedingt vordringlich sind, die aber zugleich deutlich machen, dass Gunther eher ein Kind dieser Welt war.

Das wird auch aus einer Episode deutlich, die sich 1065 im Heiligen Land zutrug. Gunther nahm damals an einer der letzten großen Wallfahrten nach Jerusalem vor Beginn der Kreuzzüge teil. Viele erwarteten damals das Ende der Welt mitsamt der Wiederkunft Christi, es herrschte Endzeitstimmung, was die Motivation für diese gefährliche Reise erklärt. Prompt wurde die Reisegruppe überfallen und belagert. Als der Anführer der Räuberbande zu Gunther kam, um mit ihm über die Übergabe zu verhandeln, wickelte er seinen Turban auf, machte daraus eine Schlinge und warf sie dem Bischof um den Hals, um deutlich zu machen, dass die Pilger in seiner Gewalt seien und er die Bedingungen diktieren könne.

Das ließ sich Gunther jedoch nicht gefallen: »Er schlug ihm mit solcher Gewalt die Faust ins Gesicht, dass er den völlig Verdutzten mit einem Schlag jählings zu Boden streckte, und rief dabei mit lauter Stimme, zuerst müsse er seine Strafe erhalten für den Frevel, dass er als Ungeweihter und Götzendiener sich erfrecht habe, seine unreinen Hände gegen einen Priester Christi zu erheben«, wie es in einem zeitgenössischen Bericht heißt. Der Gegner wurde überwältigt und gefesselt. Die Belagerer wurden schließlich durch heraneilende Hilfstruppen vertrieben. Trotz seines Mutes überlebte Gunther die Wallfahrt nicht. Er starb auf dem Rückweg in Ungarn, wurde nach Bamberg überführt und im Dom begraben.

47 Das Gunthertuch

Von wegen alter Fetzen!

Im selben Raum wie der päpstliche Ornat ist im Diözesanmuseum auch das sogenannte Gunthertuch ausgestellt, das auf den ersten Blick aussieht, als wäre es aus einer Mottenkiste hervorgeholt worden. Ganz falsch ist diese Vermutung nicht: Man hat es 1830 dem Grab des Bischofs Gunther entnommen. Vermutlich gelangte es im Jahr 1064, als der Bischof bei seiner Rückkehr aus dem Heiligen Land über Konstantinopel zog, als Geschenk des oströmischen Kaisers Konstantin X. Dukas an den deutschen Kaiser Heinrich IV. (oder auch als Besitz des Oberhirten selbst) nach Deutschland.

Da Gunther auf der Rückreise in Ungarn verstorben war, vermutete man lange, dass sein Leichnam in dieses Tuch gehüllt Bamberg erreichte. Andererseits wäre es kaum so gut erhalten, wenn eine verwesende Leiche jahrhundertelang darin eingewickelt gewesen wäre – wie dem auch sei: Der Fund des Tuchs war eine wissenschaftliche Sensation, handelt es sich doch um eines der größten erhaltenen Textilien aus der Zeit des Byzantinischen Reiches überhaupt. Die Seidenwirkerei zeigt einen reitenden Herrscher, dem zwei weibliche Gestalten Kronen darreichen. Nach dem derzeitigen Stand der Forschung könnte es sich dabei um Kaiser Johannes I. Tzimiskes (Regierungszeit 969–976) handeln, dem nach seinem Sieg über die Bulgaren bei einem Triumphzug die beiden Kronen des bulgarischen Zaren als Trophäen überreicht wurden. Die beiden Damen wären dann Vertreterinnen der »Zirkusparteien« (eine Art Fanclub) der »Grünen« und der »Blauen«, die dem triumphierenden Herrscher huldigen.

Es steht fest, dass die hohe Qualität des Stoffes nur in einer Werkstatt entstehen konnte, die an einem Herrscherhof angesiedelt war. Der über 1.000 Jahre alte Stoff könnte als Dekoration für bulgarische Kronen gedient haben, die in der Hagia Sophia aufbewahrt wurden. Manchmal trügt der erste Eindruck eben gewaltig!

48 Die Häupterkapelle

Die kostbarsten Reliquien des Doms

Echte Totenköpfe bekommt man eher selten zu sehen. Die Häupterkapelle im Nordwestquerarm hat deshalb einen etwas morbiden Schauereffekt. Denn hier sind seit dem Jahr 2000 die bedeutendsten Kostbarkeiten des Bamberger Doms ausgestellt: die Schädelreliquien des heiligen Kaiserpaares. Auf einer Sandsteinsäule mit der Inschrift »Heiliger Heinrich / Heilige Kunigunde / Bittet für uns!« steht eine 1999 gestaltete Glasvitrine – der kleinere Schädel ist der der Kaiserin, der größere ist Heinrichs Haupt. Beide wurden nachträglich mit goldenen Grabkronen verziert. Früher waren sie in prunkvollen Reliquiengefäßen auf Seitenaltären im Dom aufgestellt.

Darstellungen der beiden Bistumsgründer sind im Dom und in der ganzen Stadt allgegenwärtig. Oft werden beide gemeinsam dargestellt, womit Kunigundes Funktion als »consors regni«, als Teilhaberin an der Königsherrschaft, verdeutlicht wird. Ihre um das Jahr 1.000 geschlossene Ehe gilt – ungewöhnlich für damalige Zeiten – als echte Liebesheirat, blieb allerdings kinderlos. Heinrich und Kunigunde sind das erste offiziell heiliggesprochene Ehepaar der Kirchengeschichte. Dass es keinen kaiserlichen Nachwuchs gab, ist der Grund dafür, dass es das Bistum Bamberg gibt. Denn Heinrich erwählte Christus als seinen Erben, gründete das Bistum und baute den ersten Dom.

Bei Domführungen gelangt man durch einen engen Gang zur Häupterkapelle. Wenn man sich in dem Raum umschaut, fallen sofort die zum Teil verrußten Wände auf, und meist wird die Frage gestellt, ob es sich hier um Spuren des Dombrandes handelt. Die Ursache ist jedoch banaler, die dunklen Stellen gehen wohl auf eine Feuerstelle zurück. Denn vermutlich hat der Anbau an das nördliche Querhaus einst als Mesnerwohnung gedient.

Der Zugang zur Kapelle ist normalerweise verschlossen, aber durch ein Gittertor kann man einen Blick hineinwerfen. Zum Heinrichsfest wird die Vitrine im Altarraum aufgestellt.

HEILIGER HEINRICH
HEILIGE KUNIGUNDE
BITTET FÜR UNS !

49_Das Heilig-Geist-Loch

Auch für Theologen ein schwieriges Thema

Mit dem Heiligen Geist ist das so eine Sache. Erwähnt wird er bei jedem Kreuzzeichen »im Namen des Vaters, des Sohnes und des Heiligen Geistes«. Er ist also Teil der Heiligen Dreifaltigkeit, die einen Gott in drei Personen ausmacht. Das ist auch für den ausgebildeten Theologen nicht einfach zu erklären. Und während man in der Kunst Jesus und Gott Vater als jüngeren und älteren vollbärtigen Herrn gut darstellen kann, ist ein Bildnis des Heiligen Geistes nur mit Symbolen möglich, das bekannteste ist die Taube. Auch die Feuerzungen, die wir aus der Pfingstgeschichte kennen, werden gerne genommen. Im Gegensatz zu vielen anderen Kirchen findet man im Bamberger Dom Darstellungen des Heiligen Geistes nur an versteckter Stelle.

Wo sich Langhaus und Querhaus des Doms kreuzen, kann man mit gerecktem Nacken im Gewölbe das Heilig-Geist-Loch erkennen, das jedoch seit dem 17. Jahrhundert verschlossen ist. Im Mittelalter gehörte es zur Tradition, das Heilsgeschehen mit theatralischen Darbietungen zu unterstreichen. So ließ man an Pfingsten, dem Fest des Heiligen Geistes, eine lebendige Taube durch diese Öffnung in die Kirche fliegen. Das Heilig-Geist-Loch sollte darauf hinweisen, dass die Sakramente der Kirche nur mit Hilfe des Heiligen Geistes gefeiert werden können. Am Hochfest Christi Himmelfahrt wurde in vielen Kirchen durch das Loch an einem Seil eine Christusfigur durch die Öffnung empor in den Himmel gezogen. So wurde der Glaube anschaulich gemacht. Ob dieser Brauch im Dom auch üblich war, ist nicht überliefert.

Von anderen Orten sind weitere Traditionen bekannt, zum Beispiel konnten durch ein Heilig-Geist-Loch (auch Pfingstloch oder Himmelloch genannt) brennende Äste als Zeichen für die Flammenzungen des Heiligen Geistes fallen gelassen werden. Der Heilige Geist ist für unseren menschlichen Verstand nur mit Glaube und Phantasie zu begreifen.

50 Die Herzurnen

Wo Bischöfe ihre Herzen verloren

In der frühen Neuzeit war die vom Leichnam getrennte Bestattung der inneren Organe eines hochgestellten Verstorbenen weit verbreitet. Neben praktischen Gründen der Leichenkonservierung spielten dabei auch religiöse oder politische Überlegungen eine Rolle. So wurden zum Beispiel die Herzen der Herzöge von Bayern lange Zeit in der Altöttinger Gnadenkapelle beigesetzt, während der Leichnam in München blieb: Der Vorgang erklärt sich von selbst, schlägt doch das katholische Herz Altbayerns in Altötting.

Ähnliches findet sich auch im Bamberger Dom: Da das Bistum im 18. Jahrhundert mehrfach in Personalunion mit Würzburg (in einem Fall auch mit Mainz) geführt wurde, bürgerte sich der Brauch ein, die jeweiligen Fürstbischöfe im bedeutenderen Bistum zu bestatten, die Herzen jedoch in Bamberg beizusetzen. An der Westwand der Ostkrypta wurde 1890 eine Gedenkstätte errichtet, in der man die gesammelten Herzen der Bischöfe (CORDA EPISCOPORUM PRINCIPUM) aufbewahrte. Im Einzelnen handelt es sich um die Herzen von Lothar Franz von Schönborn (amt. 1693–1729), Friedrich Karl von Schönborn (amt. 1729–1746), Franz Konrad von Stadion (amt. 1753–1757), Adam Friedrich von Seinsheim (amt. 1757–1779) sowie Franz Ludwig von Erthal (amt. 1779–1795).

Da die Grabmale dieser Fürsten im Rahmen der Purifizierung (beziehungsweise Ent-Barockisierung) des Doms im 19. Jahrhundert in die Klosterkirche auf dem Michelsberg verbracht wurden, ist das Herzgrab die einzige Erinnerung an diese Mäzene der fränkischen Barockbaukunst in ihrer einstigen Kathedrale. Vieles, worauf man heute in Franken noch stolz ist, hat die Gegend diesen Männern zu verdanken: von der Neuen Residenz, Schloss Weißenstein und den Wallfahrtsbasiliken Gößweinstein und Vierzehnheiligen über die Umgestaltung des Alten Rathauses der Residenzstadt im Rokoko bis hin zum ersten allgemeinen Krankenhaus. Mögen sie ruhen in Frieden (R. I. P.)!

CORDA
EPISCOPORUM PRINCIPUM:
I. Lotharis Francisci de Schoenborn ✠ 1729.
II. Friderici Caroli de Schoenborn ✠ 1746.
III. Francisci Conradi de Stadion ✠ 1757.
IV. Adami Friderici de Seinsheim ✠ 1779.
V. Francisci Ludovici de Erthal ✠ 1795.
R.I.P.

51 Der Holy Drop

Der Segen kommt tröpfchenweise

Als im Jahr 2020 die Coronapandemie ausbrach, war auch das kirchliche Leben davon betroffen. Öffentliche Gottesdienste waren zeitweise verboten, später musste in den Bänken Abstand gehalten und Maske getragen werden. Der Friedensgruß wurde nicht mehr mit einem kräftigen Händedruck, sondern mit einem freundlichen Zunicken ausgedrückt. Die Kommunion im Dom wurde vom Priester zu den Gläubigen in den Bänken gebracht, und das Bilden von Ansammlungen nach dem Gottesdienst vor dem Dom musste unterbleiben, so lautete die Ansage. Zu den weniger auffälligen Maßnahmen gehörte, dass fast über Nacht in sämtlichen Kirchen aus Gründen des Infektionsschutzes die Weihwasserbecken trockengelegt wurden. Dafür wurden an den Eingängen Desinfektionsmittelspender aufgestellt, wie wir sie in Arztpraxen oder Supermärkten kennen. Man wusste zwar schon länger, dass sich in Weihwasserbecken, in die jeder seine Fingerspitzen taucht, Millionen Keime und Bakterien tummeln. Von Erkrankungen ist jedoch nichts bekannt.

Als sich herausstellte, dass die Pandemie nicht nach wenigen Monaten zu Ende gehen sollte, wurde deutlich, dass man nicht dauerhaft auf das Kreuzzeichen mit geweihtem Wasser verzichten wollte. Eine Lösung wurde gefunden, sie trägt den Namen »Holy Drop«. Der heilige Tropfen kommt seit Herbst 2021 aus einem kontaktlosen Weihwasserspender an der Sakristeipforte. Ein frei stehender Hahn am Weihwasserbecken gibt automatisch einen Tropfen frei, wenn jemand seine Hand darunter hält.

Und wer jetzt glaubt, der heilige Tropfen könnte mit dem Sterillium aus dem Spender daneben verwechselt werden, kann beruhigt sein: »Der Holy Drop unterscheidet sich durch sein wertiges Design deutlich von den Desinfektionsmittelspendern«, versicherte die Hauptabteilung für Kunst und Kultur. Noch schöner wäre allerdings ein lateinischer Name für die Neuerung gewesen, »Sancta gutta« zum Beispiel.

52 Jacobus von Hauck

Widerstand ist nicht das richtige Wort

Das von Josef Henselmann aus Eltmanner Sandstein geschaffene Wandfigurengrabmal erinnert an den bedeutendsten Bamberger Erzbischof des 20. Jahrhunderts. Noch im Königreich Bayern ernannt, führte er das Erzbistum durch die Weimarer Republik bis weit in die Zeit des Nationalsozialismus. Die Aufbauleistungen im ersten Jahrhundertdrittel waren enorm: Hauck errichtete 40 Pfarreien, davon zwölf allein im Großraum Nürnberg-Fürth. 75 Kirchen sowie das Priesterseminar wurden neu erbaut, zahlreiche Ordensgemeinschaften angesiedelt und der Diözesan-Caritasverband ins Leben gerufen. Die Beliebtheit des Erzbischofs wurde nicht zuletzt 1937 deutlich, als mitten in der Nazizeit 70.000 Gläubige auf dem Domplatz zusammenströmten und sein silbernes Bischofsjubiläum feierten.

Auch wenn die damals erschienene Festschrift von der Gestapo beschlagnahmt und zensiert wurde, war Hauck kein Mann des Widerstands, sondern vielmehr auf Ausgleich und Konzilianz bedacht. Energisch wurde er nur, wenn es um die Rechte der Kirche ging, zum Beispiel als die Schulkreuze abgehängt oder Ordenshäuser beschlagnahmt wurden. Als in der Reichpogromnacht der Vorsitzende der jüdischen Kultusgemeinde Willy Lessing halb totgeschlagen wurde, sorgte Hauck persönlich dafür, dass er ärztlich behandelt wurde (was ihn letztlich nicht retten konnte), öffentlich protestierte er aber nicht gegen die Judenverfolgung. Der Erzbischof erlebte das Kriegsende nicht mehr, er starb 1943.

»Was wäre gewesen, wenn« ist keine historisch zulässige Frage. Trotzdem könnte man versucht sein, darüber nachzusinnen, was in Bamberg geschehen wäre, wenn ein Mann mit der Autorität Jakob von Haucks, der damals bereits im achten Lebensjahrzehnt stand, am 9. November 1938 auf die Domkanzel gestiegen wäre und den Mord an Willy Lessing öffentlich angeprangert hätte. Seinem Andenken hätte es jedenfalls nicht geschadet.

JACOBUS DE HAUCK 1943

53 Das Kaisergrab

Die letzte Ruhestätte wurde mehrfach verlegt

An Heinrich und Kunigunde kommt man in Bamberg nicht vorbei. Auch nicht, wenn man den Dom betritt. Ihr prächtiges Hochgrab zwischen den Treppen im Ostchor ist eins der bedeutendsten Kunstwerke im Dom. Es wurde in der Werkstatt des Bildhauers Tilman Riemenschneider geschaffen und 1513 vollendet. Ursprünglich stand das Hochgrab genau über der historischen Grabstätte des Kaiserpaares. Später wurde es immer wieder an verschiedene Stellen versetzt und während des Zweiten Weltkriegs sogar vorsorglich in einen Felsenkeller in der Laurenzistraße ausgelagert. Seit 1971 steht es an seinem heutigen Platz, wo sich von 1649 bis 1834 der Heinrichs- und Kunigundenaltar befunden hat. Es ist der sechste Standort innerhalb der Kathedrale.

Die Deckplatte des Grabes zeigt das Paar im Frieden nebeneinander, auch wenn ihr Eheleben nicht immer konfliktfrei geblieben ist. Davon zeugen die Seitenreliefs, auf denen Legenden aus ihrem Leben dargestellt sind. So ist die »Feuerprobe« zu sehen, bei der Kunigunde über glühende Pflugscharen schritt, ohne sich zu verbrennen. Heinrich verlangte dieses »Gottesurteil« als Beweis für ihre eheliche Treue. Die Legende der »Seelenwägung« erzählt, dass sich nach Heinrichs Tod der Erzengel Michael und der Teufel um seine Seele stritten. Erst als der heilige Laurentius einen Kelch in die Waagschale wirft, senkt sich die Waage zugunsten Heinrichs, der somit haarscharf in den Himmel einzieht.

Das Relief am Fußende des Grabes zeigt Kunigunde am Sterbebett ihres Gemahls. Eine weitere Darstellung behandelt die Heilung des Kaisers von Nierensteinen durch den heiligen Benedikt. Und das Relief des »Pfennigwunders« zeigt Kunigunde, die den Lohn für die Bauleute der Stephanskirche auszahlte. Als einer der Arbeiter mehr Geld nehmen wollte, als ihm zustand, begann die Münze zu glühen, und der Handwerker schrie vor Schmerz.

54 Die Kanzel

Lautsprecher machten sie überflüssig

Im Gegensatz zu heute war der Dom ursprünglich keine Pfarrkirche, und sein primärer Zweck war es auch nicht, möglichst viele Leute aufzunehmen, die hier einer Predigt lauschen sollten. Vielmehr war der Dom eine Stiftskirche, die hauptsächlich dazu diente, so viele Gottesdienste wie möglich für das Seelenheil der Stifter abzuhalten, ganz unabhängig von der Zahl der Gläubigen, die dabei anwesend waren. Erst im Jahr 1415 wurde die Stelle eines Dompredigers geschaffen – ein Zusammenhang mit vorreformatorischen Entwicklungen darf ruhig angenommen werden.

Seit 1579 befindet sich die Kanzel des Doms am heutigen Ort, das heißt ziemlich genau in der Mitte des Kirchenschiffs. Der Grund dafür liegt auf der Hand: So konnte der Prediger, der ohne jedes technische Hilfsmittel auskommen musste, mit seiner Stimme möglichst viele Zuhörer erreichen. Von der ursprünglichen Kanzel sind allerdings nur noch Holzreliefs des heiligen Kaiserpaares Heinrich und Kunigunde sowie der Dompatrone Petrus und Georg erhalten, die einst den Kanzelkorb zierten – dort befand sich damals auch eine Sanduhr, die den Prediger wohl darauf aufmerksam machen sollte, die Geduld seiner Zuhörer nicht allzu sehr zu strapazieren.

Nur für kurze Zeit wurde 1817 eine klassizistische Kanzel angeschafft, die der Purifikation der 30er Jahre des 19. Jahrhunderts zum Opfer fiel und heute in der Gügelkirche bei Scheßlitz zu finden ist. Leider kam damals die Idee nicht zur Ausführung, in Anlehnung an die von Kaiser Heinrich II. gestiftete, prachtvolle Kanzel des Aachener Doms etwas Ähnliches für Bamberg zu schaffen. So entstand nur ein recht schlichter Predigtort, der seit der Liturgiereform der zweiten Hälfte des 20. Jahrhunderts praktisch bedeutungslos geworden ist – insbesondere deshalb, weil die Einführung von Mikrofonen die räumliche Trennung der Predigt vom gottesdienstlichen Geschehen obsolet gemacht hat.

55 Das Kapitelhaus

Heute Sitz des Diözesanmuseums

Als Kaiser Heinrich II. im Jahr 1007 sein Bistum Bamberg stiftete, stattete er es zugleich mit einem Domkapitel aus, das musterhaft für das ganze Reich wirken sollte. Dafür wurden südlich des Doms die erforderlichen Anbauten geschaffen. Ursprünglich führte direkt vom Schlafsaal der Domherren eine Treppe in den Dom, um auf dem Weg zu nächtlichen oder frühmorgendlichen Gottesdiensten nicht zu viel Zeit zu verlieren. Später wohnten die Domherren separat in privaten Höfen, und das Kapitelhaus diente nur noch administrativen Zwecken. Früher waren auch die Registratur und die Bibliothek darin untergebracht.

Das heutige Gebäude ist ein Neubau vom Beginn der Amtszeit des Dompropstes Marquard Wilhelm von Schönborn (amt. 1723–1757), Baumeister war der berühmte fränkische Architekt Balthasar Neumann. Das Giebelfeld über dem Haupteingang wird deshalb vom Amtswappen des Fürstbischofs geziert, das von zwei Löwen gehalten wird. Seitlich stehen die Bistumspatrone Heinrich und Kunigunde, den Giebel selbst schmücken die Figuren »Glaube«, »Tapferkeit« und »Gute Regierung«. Direkt über dem Haupteingang finden sich die Wappen des Domkapitels sowie des Dompropstes von Schönborn und des Domdekans Franz Konrad Graf von Stadion.

Nur sieben Monate nach dem Baubeginn konnte am 2. Dezember 1731 bereits Richtfest gefeiert werden, 1733 fand die erste Kapitelsitzung darin statt, und noch heute hat das Domkapitel hier seinen Sitzungssaal. Jetzt ist das Diözesanmuseum in dem Gebäude untergebracht, dessen bedeutende Sammlungen insbesondere wegen der hochmittelalterlichen Kaiser- und Papstgewänder sehenswert sind. Daneben sind der Domschatz, Originalfiguren der Adamspforte und des Fürstenportals sowie eine Abteilung zur Diözesangeschichte zu besichtigen. Die eindrucksvollen barocken Schauräume sind dabei sozusagen im Eintrittspreis inbegriffen – ein Besuch lohnt sich!

56 Der Kapitelsaal

Herzkammer des Erzbistums

Auch wenn die Domherren heute nicht mehr im Kapitelhaus wohnen und das Gebäude weitgehend musealen Zwecken dient – eines hat sich nicht geändert: Seit nunmehr über 1.000 Jahren finden im Kapitelsaal die Sitzungen des Domkapitels sowie neuerdings der Ordinariatskonferenz statt, dem wichtigsten Beratungs- und Entscheidungsgremium des Erzbistums. Seit etlichen Jahrhunderten lassen sich die Protokolle der Sitzungen des Domkapitels sowie der diversen Räte zurückverfolgen, eine unerschöpfliche Quelle der Bistumsgeschichte. Immer dienstags treffen sich hier die führenden Geistlichen mit den Vertretern der Hauptabteilungen der Verwaltungszentrale der Erzdiözese, des sogenannten Erzbischöflichen Ordinariats, um die anliegenden Sach- und Personalfragen zu besprechen.

Mittlerweile sind fast die Hälfte der Mitglieder der Ordinariatskonferenz keine Geistlichen mehr, unter ihnen befinden sich inzwischen auch vier Frauen – auch wenn also noch Luft nach oben besteht, handelt es sich doch um umwälzende Entwicklungen, denn in den fast 1.000 Jahren zuvor hatten Frauen wohl nur Zutritt, wenn es um die Bewirtung und das Putzen ging, und männliche Laien durften bestenfalls Hilfsdienste leisten. In einer Ecke des Raumes befindet sich ein mit der Taube des Heiligen Geistes geschmückter Schrank, in dem früher die Heiligen Öle aufbewahrt wurden, mit denen die Bischöfe ihren Diözesanen die Firmung spendeten. Ein modern gestaltetes Kreuz, in das ein Splitter von der Kreuzreliquie des Domkreuzes eingelassen ist, bildet den zentralen Blickpunkt des Raumes.

Um die Bedeutung des Saals für die Diözesangeschichte zu verdeutlichen, hängen die Porträts der Erzbischöfe, die seit 1821 dem Bistum vorgestanden haben, an den Wänden und beäugen – wer weiß ob wohlwollend oder kritisch? – die Beratungen ihrer Nachfolger, die an einem großen Tisch stattfinden, der zwar nicht ganz rund, aber immerhin oval ist …

DEO DANTE
SUB HIS AUSPICIIS
SERIES PERSONARUM
PIVS PONTIFEX MAXIMVS
MAX. IOSEPHVS REX BAVARIÆ AVGVSTIS SIMVS
IOSEPHUS ARCHIEPISCOPUS BAMBERGENSIS, PRIN:
O. A. M. D. G.

57 Die Kathedra

Auch das fränkische Rom hat einen Heiligen Stuhl

Alle, die im Dom auf der Suche nach einem Einhorn sind, werden hier fündig. Im »fränkischen Rom« muss es natürlich auch einen »Heiligen Stuhl« geben. Der Bischofsstuhl heißt Kathedra, was »erhöhter Platz« bedeutet. Und so ist die Kathedra im Westchor nicht zu übersehen. Wenn der Erzbischof bei feierlichen Gottesdiensten hier predigt, dann spricht er »ex cathedra«. Vom Wort Kathedra leitet sich auch die Bezeichnung Kathedrale für die Mutterkirche und Herzkammer des Bistums ab. Vor dem Bischofsstuhl, den man früher als Thron bezeichnet hätte, legen sich Priester und Bischöfe auf den Boden, bevor sie geweiht werden. An dieser Stelle werden auch am Gründonnerstag die Heiligen Öle geweiht.

Im Vergleich zur 1.000-jährigen Geschichte des Doms ist die Kathedra noch ziemlich neu. Das letzte neuromanische Kunstwerk im Dom ist ein Geschenk des Domkapitels an Erzbischof Joseph von Schork zum 70. Geburtstag im Jahr 1899. Erstmals benutzt wurde es allerdings erst am 2. Juni 1904.

Gekrönt ist die Kathedra von einer Bergkristallkugel mit aufgesetztem Kreuz. Auf der Rückseite unter der lateinischen Widmungsinschrift sind die vier Kardinaltugenden Gerechtigkeit, Tapferkeit, Klugheit und Maß personifiziert dargestellt. Darunter sind ein Einhorn und ein Zentaur zu sehen: Sie stehen für das Gute sowie für Weisheit und Kraft. Eigenschaften, die der Münchner Künstler Leonhard Romeis allen Bamberger Bischöfen wünschte. Auf der Vorderseite ist das Wappen von Bischof von Schork zu sehen, daneben sind die Patrone des Doms, Petrus und Georg, abgebildet. Eine Elfenbeintafel an der Rückenlehne zeigt den Frankenapostel Kilian, der besonders in Schorks Heimat Würzburg verehrt wird. Außerdem sind der heilige Joseph als Namenspatron des Bischofs, Heinrich und Kunigunde sowie der heilige Otto zu sehen, der bisher einzige heiliggesprochene Bischof von Bamberg.

58 Die Kilianskapelle

Stachel im Fleisch der Unterfranken

Bevor Kaiser Heinrich 1007 sein Bistum Bamberg gründete, gehörte die Gegend zum Bistum Würzburg, das bereits seit dem Jahr 742 bestand. Im 7. Jahrhundert hatte dort der irische Wanderbischof Kilian mit seinen Gefährten Kolonat und Totnan das Martyrium erlitten, seitdem gilt er als Patron des Bistums. Pfarrkirchen auf Bamberger Gebiet, die dem Heiligen geweiht sind, haben daher meist schon bestanden, als es noch zu Würzburg gehörte. Es kostete den Kaiser einige Mühe, den Würzburger Bischof von der Gebietsabtretung zu überzeugen. Angeblich lockte er den Kirchenmann mit dem Versprechen, sich für die Erhebung Würzburgs zum Erzbistum einzusetzen. Bei der Errichtung des Bistums Bamberg war davon aber keine Rede mehr.

In der Bischofskirche des neuen Bistums finden sich nur wenige Spuren der Kiliansverehrung. 1012 wird er als Nebenpatron des Hauptaltars im Westchor genannt, aber erst seit dem frühen 14. Jahrhundert ist ein eigener Kiliansaltar im Dom nachweisbar, er befindet sich im ersten Stock des Nordostturmes. Dort ist auf der Südwand der Kapelle in einer schlecht erhaltenen Malerei das Martyrium des Frankenpatrons dargestellt. Ein nach Osten ausgerichtetes Fenster aus acht hufeisenförmigen Öffnungen, die sich rings um einen Vierpass legen, diente dem zelebrierenden Priester gleichsam als Altarbild.

Im 18. Jahrhundert verwahrloste die Kapelle. Kurz darauf machte die Säkularisation eine Neuordnung der deutschen Bistümer erforderlich. Dabei vereinbarte der bayerische König mit dem Papst, dass neben München-Freising ausgerechnet das oberfränkische Bamberg zum Erzbistum erhoben werden sollte, war es doch eine kaiserliche Gründung und Heinrich zudem bayerischer Herzog gewesen, in dessen Tradition sich das Herrscherhaus sah. Das bedeutend ältere und größere Bistum des heiligen Kilian in Würzburg ging erneut leer aus, was bis heute manchen Kiliansjünger aus Unterfranken wurmt.

59__Der Kiosk

Hier wird das Mittelalter lebendig und AGIL

Wer die Alte Hofhaltung vom Domplatz durch die »Schöne Pforte« betritt, geht rechter Hand am früheren Torwärterhäuschen vorbei, in dem sich heute der AGIL-Kiosk befindet. Dieses kleine Häuschen ist erstmals in diesem Bereich im Jahr 1494 als »thorwartengemach« belegt. Das Fachwerk im Obergeschoss deutet auf das 17./18. Jahrhundert hin. 1960 wurde das Häuschen renoviert. Auf der anderen Seite des Torbogens befand sich auch ein Wächterhäuschen für die Offiziere, das auf zahlreichen alten Abbildungen zu sehen ist und Ende des 19. Jahrhunderts abgerissen wurde.

Seit einigen Jahren betreibt der Verein »AGIL Bamberg erleben« das AGILädla und sorgt auf unterhaltsame Weise für das leibliche Wohl - und für kulturelle Weiterbildung. Denn neben gekühlten Getränken, Snacks, Eis am Stiel, Spielzeugschwertern, Ritterhelmen und Met-Wein bietet der museumspädagogische Verein auf wenigen Quadratmetern auch Stadtführungen für Einzelgäste und geführte Thementouren der besonderen Art an.

Besonderes Highlight ist die mittelalterliche Stadtführung unter dem Motto »Feuer, Met und Hexensalbe«, auf der anschaulich erzählt und gezeigt wird, wie das einfache Volk weiland lebte, liebte und starb. Einen besonderen Schauer verspürt dabei jeder, der weiß, dass die Alte Hofhaltung während der Hexenverfolgung vor 400 Jahren als Gefängnis für viele vermeintliche Hexen diente und dass hier am 14. Juli 1628 der lang gediente Kanzler des Hochstifts, Georg Haan, vor 80 geladenen Zeugen wegen Hexerei geköpft wurde. »Geschichte hautnah erleben« ist das Motto des AGIL-Vereins, der auch Bierproben und Brauereitouren, Gruselwanderungen, Führungen durch die unterirdischen Felsengänge im Berggebiet oder eine 75-minütige Blitzführung zu den »Big Five« Bambergs anbietet. Die AGIL-Führer sind dabei natürlich historisch gewandet, sodass die Teilnehmer auch immer eine kleine Vor-Ort-Theaterdarbietung bekommen.

AGIL

60 Der Kirchgattendorfer Altar

Dieses Kunstwerk ist berühmter als sein Herkunftsort

Kirchgattendorf mit seinen rund 70 Einwohnern liegt etwa sieben Kilometer westlich von Hof entfernt am Ende einer Sackgasse, die von der Kreisstraße HO16 abzweigt. Niemand hätte jemals von dieser zu Gattendorf gehörenden Ortschaft gehört, wenn es im Bamberger Dom nicht den Kirchgattendorfer Altar gäbe, der hier zu den bekanntesten Sehenswürdigkeiten zählt.

Kirchgattendorf gehörte zum Markgraftum Bayreuth und wurde daher zur Zeit der Reformation evangelisch. In der Pfarrkirche des Ortes stand ein Marienaltar vom Anfang des 16. Jahrhunderts, an dem bis 1708 Gottesdienst gefeiert wurde. Wahrscheinlich war die Mariendarstellung den Protestanten ein Dorn im Auge, denn seit der Barockisierung der Kirche bestand für den Altar im gotischen Chorraum keine Verwendung mehr. Er verschwand zuerst in einem feuchten Seitenschiff der Kirche. Als die Kirchenkasse 1918 leer war, wurde er an die Pfarrei Steinwiesen für die dortige neugotische Kirche verkauft. Dort wiederum konnte man jedoch die Renovierungskosten nicht zahlen, weshalb der Altar mit Hilfe von Stiftern und Wohltätern an das Bamberger Domkapitel weiterverkauft wurde. Seit 1921 befindet er sich im nördlichen Seitenschiff des Doms.

Das prächtige Kunstwerk wird heute einem thüringisch-sächsischen Meister zugeschrieben. Im Zentrum der Darstellung steht eine fast lebensgroße Marienfigur vor einem Strahlenkranz, neben ihr die beiden Märtyrerinnen Katharina von Alexandrien und Barbara von Nikomedien. Auf den Seitenflügeln sind verschiedene Darstellungen aus dem Leben der Gottesmutter zu sehen: Verkündigung, Heimsuchung, Geburt Jesu, Anbetung der drei heiligen Könige. Die Außenseiten zeigen Gemälde mit weiteren Szenen aus dem Leben Marias.

Für Gottesdienste wird der Altar nicht mehr genutzt.

61 König Konrad III.

Das zweite Königsgrab im Dom ist falsch beschriftet

Der Bamberger Dom ist dafür bekannt, dass hier mit den Stiftern Kaiser Heinrich II. und Kaiserin Kunigunde ein deutsches Königspaar begraben liegt. Nur wenige der vielen tausend Besucher, die den Dom jährlich betreten, wissen aber, dass noch ein zweiter deutscher König im Dom bestattet wurde. Es handelt sich um Konrad III., der von 1138 bis 1152 regierte. Für Franken ist er auch deshalb von außerordentlicher Bedeutung, weil die Gründung der Stadt Rothenburg ob der Tauber auf ihn zurückgeht.

Von 1124 bis 1127 hatte der als sehr fromm geltende Konrad eine Pilgerfahrt ins Heilige Land unternommen, und in den Jahren 1147 bis 1149 führte er als erster deutscher König einen Kreuzzug an, der jedoch ein völliger Misserfolg war. Motiviert hatte ihn dazu eine Predigt Bernhard von Clairvaux' in Speyer, dieses Ereignis wurde im 19. Jahrhundert im dortigen Dom in einem Wandgemälde festgehalten. Bevor er am 15. Februar 1152 in Bamberg starb, hatte er seinen Neffen Friedrich als Nachfolger empfohlen, der als Kaiser Barbarossa in die deutsche Geschichte einging.

Eigentlich hatten ihn seine Verwandten im Hauskloster Lorch begraben wollen – angeblich auf seinen Wunsch –, aber die Bamberger Geistlichkeit konnte sich durchsetzen, war doch der Besitz eines Königsgrabs immer auch mit Prestige verbunden: Der Herrscher wurde in Bamberg beim Grab Kaiser Heinrichs beigesetzt. Aus diesem Grund wurde vor einigen Jahren zur Erinnerung an den ersten Stauferkönig auf der sogenannten Bischofswiese in der Oberen Karolinenstraße eine Gedenksäule errichtet.

Seine sterblichen Überreste ruhen heute in der Krypta in einer Tumba aus dem Jahr 1845, die von einem Adler, einem Zepter und einem Schwert geziert ist. Die Inschrift »Hier ruhen die Gebeine Kaiser Konrad III. aus dem Geschlecht der Hohenstaufen« ist jedoch nicht korrekt: Er hat nämlich niemals die Kaiserkrone erlangt.

62 Der Kreuzgang

Ein Ort, an dem sich Geschichte spiegelt

Im Kreuzgang, der als Teil des Diözesanmuseums besichtigt und betreten werden kann, ist die 1.000-jährige Geschichte des Doms hautnah spürbar: Jahrhundertelang beteten und arbeiteten hier die Domherren, die zunächst wie in einem Kloster zusammenlebten, was die Existenz eines Kreuzgangs am Dom erklärt. Hier fanden an Feiertagen Prozessionen und am Gründonnerstag die liturgische Fußwaschung statt, außerdem tagte das Domdechantengericht.

In seiner heutigen Form stammt der Kreuzgang aus dem 15. Jahrhundert. Die Wappen der Domherren an den Schlusssteinen des Gewölbes sind stumme Zeugen der Erbauungszeit und lesen sich wie ein »Who's who« des fränkischen Adels: von Wertheim, von Rotenhan, von Seckendorff, von Egloffstein, von Stiebar, von Streitberg und so weiter. In den Fenstern des Ostflügels wird diese Tradition insofern fortgesetzt, als sich dort die Wappen von zehn Erzbischöfen in Glasmalerei ausgeführt finden, zuletzt kam das des Erzbischofs Ludwig Schick hinzu (amt. 2002–2022).

Heute dient der Domkreuzgang als Lapidarium des Diözesanmuseums: Die Originalfiguren der Adamspforte und des Gewändes des Fürstenportals finden sich ebenso darin wie Beispiele Bamberger Bildhauerkunst aus späterer Zeit wie zum Beispiel des Hofbildhauers Johann Bernhard Kamm. Auch der letzte Rest mittelalterlicher Glasmalerei, der sich erhalten hat, sowie eine Bronzereiterfigur des berühmten italienischen Künstlers Marino Marini sind hier zu sehen. Der Kreuzgang umschließt die Grablege des Domkapitels. Angehörige, die ein bestimmtes Grab besuchen möchten, erhalten die Schlüssel bei der Museumsaufsicht. Ende 2022 wurde hier der ehemalige Domdekan und Generalvikar Alois Albrecht beigesetzt, der vielen Gläubigen als Dichter sogenannter Neuer Geistlicher Lieder bekannt ist. »Die Sache Jesu braucht Begeisterte« oder »Kleines Senfkorn Hoffnung« stammen beispielsweise aus seiner Feder.

63 Der Kreuzhof

Wo die Domherren ihre letzte Ruhe finden

Die Bedeutung der Domherren kann in einer Bischofsstadt kaum überschätzt werden. Die Mitglieder des Domkapitels bilden historisch betrachtet ein eigenes Machtzentrum neben dem Bischof, entsprechend selbstbewusst treten die Domherren auf. Schließlich dürfen sie bei der Ernennung eines Oberhirten durch den Papst mitreden. Die Mitglieder des Domkapitels werden im Wechsel vom Erzbischof ernannt und von den Domkapitularen gewählt. Wenn es um das Hausrecht im Dom geht, hat nämlich nicht der Bischof das Sagen – die Domkapitulare sind die Herren der Kathedrale, mit dem Dompropst und dem Domdekan an der Spitze. Heute agieren Bischof und Kapitel bei der geistlichen Leitung und Verwaltung der Diözese gemeinsam.

Um ihrer Bedeutung gerecht zu werden, haben die Domherren nicht nur auf Lebenszeit ein Wohnrecht auf dem Domberg, wo sie früher in einer Art klösterlicher Gemeinschaft lebten. Sie residieren meist in den sogenannten Domherrenhöfen in der Domstraße. Und wenn ihre irdische Lebenszeit zu Ende geht, haben sie das Recht auf ein Requiem im Dom und ein Grab auf dem Kapitelsfriedhof im Domkreuzhof des Kapitelshauses. Dabei greifen die Kapitelsstatuten aus dem Jahr 1997 eine Tradition auf, die bis ins 11. Jahrhundert zurückreicht. Während viele Domherren früherer Jahrhunderte auch im Ossarium unter der heutigen Nagelkapelle bestattet wurden, dient seit den 90er Jahren ausschließlich der Kreuzgarten als Grablege des Domkapitels. Ein großes Bronzekreuz betont seitdem den Charakter des Innenhofs als Grablege. Auch der 2018 verstorbene Weihbischof und Dompropst Werner Radspieler hat hier seine letzte Ruhe gefunden.

Wie der Kreuzgarten früher ausgesehen hat, ist weitgehend unbekannt. Seit dem Jahr 1500 ist ein Brunnen aus Sandsteinquadern nachgewiesen. Der Kreuzhof ist nicht öffentlich zugänglich, Besucher des Diözesanmuseums können ihn jedoch durch die Fenster im Kreuzgang einsehen.

64_Die Kreuzigungsgruppe

Letzte Spuren des Barock

Der 1610 in Hameln geborene Bildhauer Justus Glesker hatte unter Fürstbischof Melchior Otto Voit von Salzburg erheblichen Einfluss auf die barocke Umgestaltung des Doms. Er arbeitete von 1648 bis 1653 die verloren gegangenen Hauptaltäre und die dazugehörigen Skulpturen aus. Eine prächtige Figur des auferstandenen Christus ist heute im Diözesanmuseum zu sehen. Die Kreuzigungsgruppe im Westchor ist der letzte Rest der früheren Barockausstattung. Sie war ursprünglich für den Heinrichs- und Kunigundenaltar gedacht, der damals zwischen den Stufen des Ostchors stand.

Die Kreuzigungsgruppe mit dem 2,30 Meter großen Jesus ist auch aus der Ferne beeindruckend. Christus ist nicht leidend dargestellt, sondern hoheitsvoll-ergeben. Der Körper hängt, im Widerspruch zur Schwerkraft, mit ausgestreckten Armen. Der leicht geneigte Kopf strahlt Ruhe aus, die Beine stehen parallel nebeneinander, weshalb die Füße entgegen vielen anderen Kruzifix-Darstellungen mit zwei Nägeln ans Kreuz geschlagen sind. Am Fuße des Kreuzes kniet Maria Magdalena, flankiert von der sich vor Trauer windenden Maria und dem Evangelisten Johannes.

Die vier überlebensgroßen Figuren wurden 1837 mit anderem barocken Inventar verkauft und am 5. Februar 1912 bei einer Auktion auf Wunsch von Weihbischof Adam Senger zum Preis von8.910 Mark aus Privatbesitz zurückerworben. Ein Kunsthändler hatte vergeblich versucht, die Gruppe für den Frankfurter Städel zu kaufen. Die Figuren waren jedoch so stark beschädigt, dass sie komplett restauriert und neu vergoldet werden mussten. Maria Magdalena fehlten der linke Arm und die rechte Hand, bei Johannes war der linke Unterarm abgebrochen. Die heutige Aufstellung der Figuren weicht von Gleskers Gestaltung in einigen Punkten ab: Früher umfasste Maria Magdalena das Kreuz von hinten, und Johannes blickte ursprünglich auf das Kreuz. Heute schaut er ins Leere.

INRI

65_Der Kreuzweg

Malereien mit 3-D-Effekt

In der Karwoche denken Christen an das Leiden und Sterben Jesu. In Jerusalem kann man auf der Via Dolorosa (Straße der Schmerzen) den Weg Jesu von der Verurteilung zum Tode bis zur Hinrichtung nachgehen. Die Franziskaner verbreiteten ab dem 13. Jahrhundert den Brauch, den Kreuzweg mit verschiedenen Stationen auch andernorts nachzuvollziehen. Seit dem 18. Jahrhundert sollte in jeder katholischen Kirche ein Kreuzweg vorhanden sein. Fast ein Jahrhundert war dies im Bamberger Dom jedoch nicht der Fall.

Der erste Kreuzweg kam 1806 in den Dom und wurde während der Purifizierung (1829 bis 1837) wieder entfernt. Er befindet sich heute in der Kirche St. Sebastian in Reichmannsdorf. Um 1900 wünschte sich das Domkapitel einen neuen Kreuzweg. Weihbischof Adam Senger sprach sich für ein modernes Werk eines zeitgenössischen Künstlers aus, und nach endlosen Diskussionen über die Form der Gestaltung, zähen Verhandlungen über staatliche Zuschüsse und vielen Probearbeiten und Gutachten erhielt endlich 1918 der Münchner Künstler Felix Baumhauer den Auftrag. Zuerst war der Plan, die einzelnen Stationen auf den Pfeilern aufzumalen. Ein damals entstandenes Probebild »Christus vor Pilatus« ist noch heute am zweiten südöstlichen Pfeiler des Mittelschiffes zu sehen. Der von Baumhauer gestaltete Bilderzyklus wurde 1923 im südlichen Seitenschiff des Doms, in Zweier- und Dreiergruppen geordnet, aufgehängt.

Die Darstellungen sind, sowohl farblich als auch inhaltlich, sehr reduziert. Während das Probebild noch in sehr kräftigen, kontrastreichen Farben gemalt ist, sind die 14 Holztafeln in gedämpften Tönen gehalten. Neben Christus sind nur die absolut notwendigen Figuren dargestellt, sie treten jedoch in Größe und Bedeutung hinter den leidenden Herrn zurück. Bemerkenswert: Wenn man genau hinschaut, stellt man fest, dass das immer schräg gemalte Kreuz den Bildern einen dreidimensionalen Effekt verleiht.

JESVS WIRD ER
HÖHT VND
STIRBT AM KREVZE
KREVZE ABGE
NOMEN IN
DER HL LEICH NAM JESV WIRD VOM
DER SC
MARIA GELEGT
JESV
WIRD IN DAS
DER HEIL LEICHNAM
GRAB GELEGT

66_Die Kunigundenkapelle

Wo der Dompfarrer einst die Schlüssel verteidigte

Als im Dezember 1833 der große Architekt Gottfried Semper, dessen Bauwerke wie die Dresdner Oper weltbekannt sind, nach Bamberg kam, haben ihn offenbar der Dom und die Residenz weniger beeindruckt als die kleine und unscheinbare Kunigundenkapelle, die sich hinter dem Dom am heutigen Dompfarrhaus befindet. Semper fertigte eine Bleistiftzeichnung mit kleinen Staffagefiguren an, während er alle anderen Bamberger Bauwerke unbeachtet ließ.

Heute ist die Kundigundenkapelle für die Öffentlichkeit nicht zugänglich und in der Regel geschlossen. In der Tür zum Hof befindet sich jedoch ein kleines Rundfenster, durch das man einen Blick hineinwerfen kann. Hinter diesem Fensterchen muss sich einst ein Behältnis befunden haben, vielleicht zur Aussetzung der Eucharistie, oder eine Reliquie, ähnlich wie beim Sonnenloch im Dom, das auch Kunigundenloch genannt wird.

Eine Mariendarstellung an der Kapelle erinnert an die Wirren um die Ermordung des bayerischen Ministerpräsidenten Kurt Eisner im Februar 1919. Damals wurde Dompfarrer Theodor Geiger von Revolutionären mit der Waffe bedroht, er sollte den Domschlüssel für das Trauergeläut des Doms herausgeben. Er blieb jedoch standhaft und überlebte den Überfall unversehrt. Daran erinnert ein Relief der schmerzhaften Muttergottes aus dem 17. Jahrhundert, das 1922 an der Kunigundenkapelle angebracht wurde.

Gottesdienste finden heute nur zu besonderen Anlässen in der Kapelle statt. Der Katholische Deutsche Frauenbund veranstaltet dort regelmäßig Gottesdienste und Meditationen. Kunigunde, die Bistumspatronin und Ehefrau von Kaiser Heinrich, steht dafür, dass Frauen in der Kirche nicht nur Randfiguren sind, sondern Verantwortung übernehmen und Kirche an entscheidenden Stellen mitgestalten. Auch wenn es zur vollen Gleichberechtigung der Frauen in allen kirchlichen Ämtern noch ein weiter Weg ist.

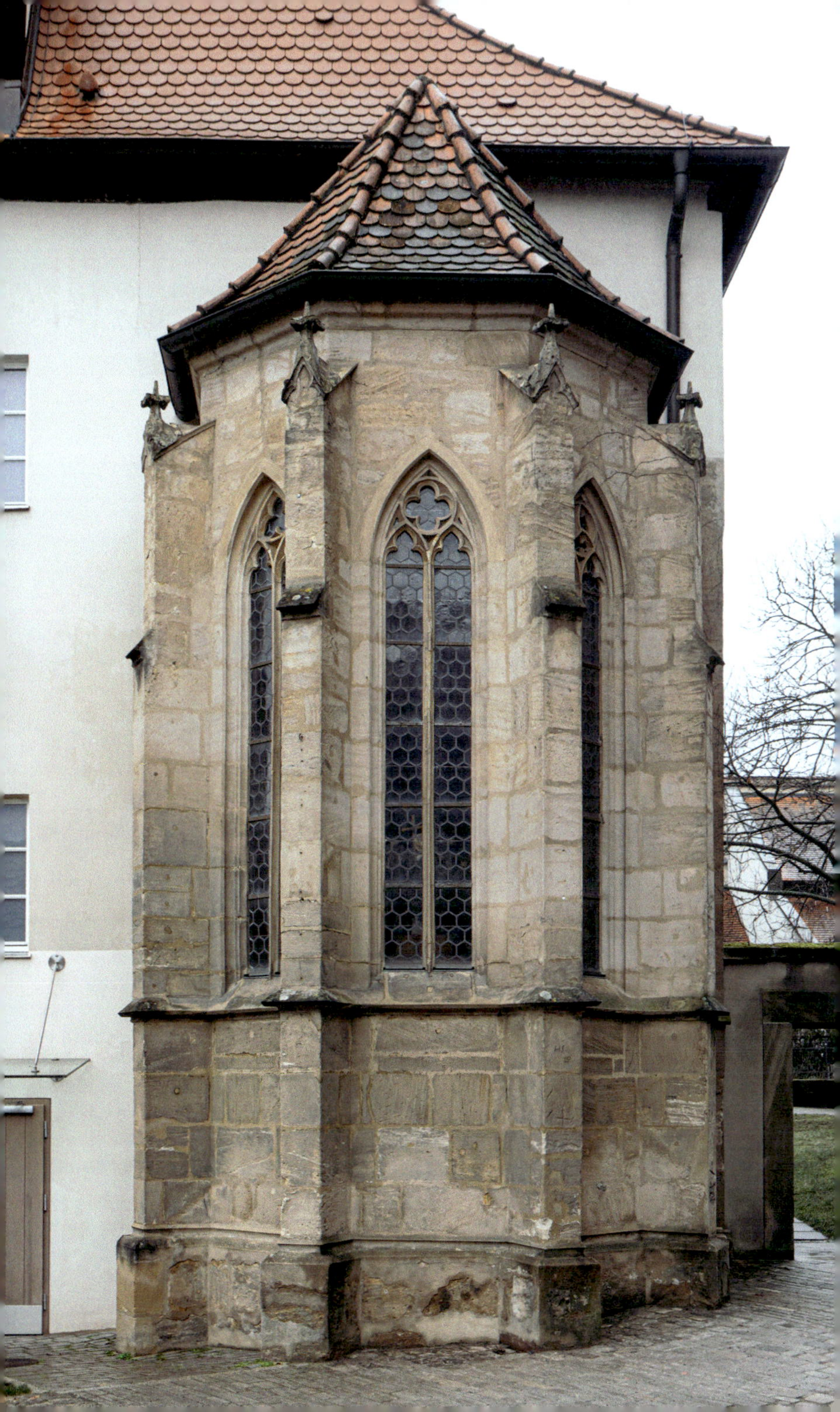

67 Das Kunigundenloch

Wo sich der Segen über die ganze Stadt ausbreitet

Wer vor dem Dom steht und die Außenmauer des Ostchors zwischen Marien- und Adamspforte betrachtet, sieht unter dem mittleren Fenster ein kleines rundes Loch, das an einen Türspion erinnert. Auf der Innenseite befindet sich im Scheitel der Apsis ein tabernakelartiger Wandschrank, der von einem auffälligen architektonischen Rahmen umgeben ist und durch Stufen erreicht werden kann. Mit großer Wahrscheinlichkeit wurde während des Mittelalters das Kopfreliquiar der Kaiserin an dieser Stelle aufbewahrt. Durch das Loch im Mauerwerk, so der Volksglaube, strahlte der Segen der Heiligen stets über die ganze Stadt und beschützte sie vor Unheil und Katastrophen. Ähnliche Einrichtungen lassen sich auch in anderen Städten beobachten, wie zum Beispiel in der Loggia an St. Gumbertus in Ansbach, in der vor der Reformation die Reliquien des Stadtpatrons verwahrt wurden. Im Umkehrschluss lässt sich vermuten, dass der Neubau des Ostchors gegen Ende des 12. Jahrhunderts in Zusammenhang mit der Heiligsprechung Kunigundes steht, die im April des Jahres 1200 durch Papst Innozenz III. erfolgte.

Auch wenn das Loch in der Wand schon seit Langem verschlossen ist, hat sich unter den Bambergern der Glaube erhalten, dass Kunigundes Schutz und Segen die Stadt vor Unheil bewahren. So soll sie während der Bombenangriffe im Zweiten Weltkrieg ihren Schutzmantel in Form einer Nebeldecke über die Stadt ausgebreitet haben. Die gängige Meinung, dass Bamberg von Kriegszerstörungen verschont blieb, ist allerdings historisch nicht ganz haltbar, wenn auch die Verwüstungen nicht vergleichbar waren mit denen in Nürnberg oder Würzburg. 15 Prozent der Wohnungen waren 1945 nicht mehr bewohnbar und 6.800 Menschen obdachlos.

Kunigundes Schädelreliquie befindet sich heute – vereint mit der ihres Gemahls Heinrich – in der Häupterkapelle im Erdgeschoss des Nordwestturms.

68 Michael von Deinlein

Der Erzbischof, der sich dem Dogma widersetzte

Michael von Deinlein, der von 1800 bis 1875 lebte, war ein Kind des Staatskirchentums seiner Zeit. Geboren in Hetzles bei Forchheim, war er der erste Erzbischof, der aus dem Gebiet der Bamberger Erzdiözese stammte. Er wurde im Studium unter anderem von Friedrich Brenner geprägt, der die Autorität des Bischofsamtes direkt von Jesus Christus und nicht etwa aus der Ernennung durch den Papst ableitete. Als junger Priester wirkte Deinlein schließlich als Religionslehrer sowie in der Priesterausbildung. Er wurde ins Domkapitel aufgenommen und stieg zum Generalvikar und Offizial auf. Als Vorsitzender des Historischen Vereins hielt er Vorträge über die Bamberger Hexenverfolgungen – es stimmt also nicht, dass dieses dunkle Kapitel der Stadtgeschichte von der Kirche verschwiegen wurden, wie manche bis heute behaupten. Als staatsloyaler Priester wurde er zum Weihbischof seines greisen Vorgängers, zum Bischof von Augsburg und schließlich zum Erzbischof ernannt – das Vorschlagsrecht kam dem bayerischen König zu.

Damals steuerte die Auseinandersetzung zwischen den ultramontanen, also an Rom orientierten, und liberalen Kreisen ihrem Höhepunkt entgegen. Während die einen im Papsttum den Garanten der Freiheit der Kirche und der ewigen Wahrheit sahen, wähnten sich die anderen auf dem Weg zurück nach Canossa. Deinlein, der ein eher ausgleichender Mann war, sah sich schließlich auf dem Ersten Vatikanischen Konzil nicht in der Lage, dem Dogma der Unfehlbarkeit des Papstes zuzustimmen. Er reiste zusammen mit den anderen Bischöfen, die Vorbehalte gegen diesen Lehrsatz hatten, vorzeitig aus Rom ab. Selbstverständlich war dies aber für ihn in der Folge kein Grund, seinen katholischen Glauben aufzugeben. Bis heute steht Bamberg in manchen Kreisen im Vergleich zu einigen anderen bayerischen Bistümern zuweilen im Ruf, nicht immer ganz auf der römischen Linie zu liegen – ob das ein Fehler sein muss?

HONORAT HOC EPITAPHIUM
REVEREND. AC EXCELL. DOM. DOMINUM
MICHAEL DE DEINLEIN
ARCHIEPISC. BAMBERGENSEM IV.
CONS. REGNI BAVAR. ORD. CORON. BAV.
ET ST. MICHAEL INSIGN. DECORAT.
QUI XXVI OCT. MDCCC IN HETZLES
PAROCH. NEUNKIRCHEN A/B. NATUS
XIX IAN. MDCCCLVI EPISC. AUGUST.
PRAECONISATUS
XXVIII SEPT. MDCCCLVIII IN SEDEM
ARCHIEP. BAMBERGEN. TRANSLATUS
VIR DOCTRINA
BENIGNITATE AC LIBERALITATE
IN PAUPERES EXCELLENS
SACERDOS IUBIL.
ANNO DOM. MDCCCLXXV QUARTO IAN.
DENATUS EST
CUIUS ANIMA REQUIESCAT IN PACE.

69_Der Mühlhausener Altar

Ein Geschenk aus dem Steigerwald für den Bischof

Ein richtiger Hingucker ist der Mühlhausener Altar im nördlichen Querhaus. Er ist in der gleichen Zeit entstanden wie der Kirchgattendorfer Altar und stammt ebenfalls aus einer Dorfkirche. Der frühere Pfarrer von Wachenroth hatte den Altar 1891 aus der evangelisch gewordenen Pfarrkirche in Mühlhausen im Steigerwald gekauft als Geschenk für den Bamberger Erzbischof Joseph von Schork. Der ließ den Altar renovieren und um eine mittelalterliche Anna-Figur ergänzen. 1904 vermachte Schork den Altar seiner Bischofskirche. Das Werk wurde zunächst im nördlichen Seitenschiff aufgestellt. Seinen späteren, endgültigen Platz fand es im nördlichen Querhaus.

Im Mittelpunkt des Flügelaltars steht die Muttergottes, von einem Strahlenkranz umgeben. Zwei kleine Engel tragen ihre Krone, darunter musizieren auf jeder Seite zwei weitere Engel. Die Flügelreliefs zeigen vier Szenen aus dem Leben Marias: Joachim in der Einsamkeit, Verkündigung der Geburt Marias, Maria im Tempel sowie die Vermählung Marias.

Wenn keine Blumen oder Kerzen davorstehen, kann man im Sockel die vier heiligen Jungfrauen Margaretha, Katharina, Barbara und Dorothea erkennen. In der Spitze des Altars befindet sich die von Erzbischof Schork eingefügte plastische Darstellung der heiligen Anna mit Tochter und Jesuskind: Es handelt sich um eine sogenannte »Anna-Selbdritt-Gruppe«, eine im Mittelalter besonders verbreitete Form von Andachtsbildern. Der Begriff Selbdritt ist ein altes Wort für »Teil einer Dreiergruppe«.

Die Besonderheit des Mühlhausener Altars ist, dass er als bedeutendes Werk spätgotischer Altarkunst einen Eindruck erlaubt, wie der Dom vor der Barockisierung nach dem Dreißigjährigen Krieg unter Fürstbischof Melchior Otto Voit von Salzburg gewirkt haben mag. Was man sich heute kaum noch vorstellen kann: Im Mittelalter war der Dom von innen vollständig farbig ausgemalt.

70__Der Nabel der Welt

Eine Fußbodenheizung für den Domplatz?

Von vermutlich 1240 bis zum 3. Januar 1779 stand auf dem Domplatz eine fast 8,50 Meter hohe Säule mit einer Statue des auferstandenen Christus, die vom Volksmund aus nicht ganz geklärten Gründen »Tattermann« genannt wurde. Eine mögliche Erklärung ist, dass die Figur so verwittert aussah wie ein alter, tattriger Mann. Fakt ist jedenfalls, dass die Säule letztlich wegen Baufälligkeit abgerissen werden musste.

Zum 1.000. Bistumsjubiläum im Jahr 2007 wurde am früheren Standort der Säule das Werk des israelischen Künstlers Micha Ullman im Boden installiert. Es handelt sich quasi um eine negative Säule: Aus einem Granitblock wurde ein Hohlraum geschnitten und in die Erde eingelassen. Der Hohlraum hat die Form des Sargs von Kaiser Heinrich und ist exakt nach Jerusalem ausgerichtet. In der gläsernen Abdeckplatte sollen sich Himmel, Dom und die anderen Bauwerke spiegeln. Der Betrachter wird damit selbst zum »Nabel der Welt«, so der Titel des Kunstwerks, das daran erinnert, dass schon der heilige Kaiser Heinrich wie viele Bamberger heute ihre Stadt für den Mittelpunkt des Reiches (»umbilicus imperii«) hielt. Die »Säule« war Teil eines Kunstprojekts mit 13 Arbeiten von Künstlern aus ganz Europa in elf Städten des Erzbistums.

Der »Nabel der Welt« sorgte immer wieder für Wirbel. Im Winter 2007 musste die Platte wegen Rutschgefahr abgesperrt werden. Später mehrten sich die Klagen, dass hartnäckige Tropfenbildung durch Kondenswasser den Blick durch die Scheibe trübe. 2010 startete man einen Versuch, den Nabel durch Lüften und eine neue, wasserdichte Panzerglasscheibe trockenzulegen. Pläne, das Werk elektrisch zu beheizen, scheiterten wegen des fehlenden Stromanschlusses. Ansonsten hätte Bamberg den wohl einzigen Domplatz der Welt mit einer Fußbodenheizung bekommen. In Zeiten von Energieknappheit vielleicht nicht die beste Idee.

71 Die Nagelkapelle

Vom Versammlungssaal zum Raum der Stille

Wer im Dom, wo es dank der zahlreichen Besucher oft wie im Museum zugeht, einen Ort der Stille und des Gebets sucht, geht in die Nagelkapelle. Sie befindet sich im Anschluss an das südliche Querhausschiff zwischen Sakristei und Sakramentskapelle. Der lang gestreckte zweischiffige, gewölbte Raum diente nach seiner Errichtung im Stil eines zisterziensischen Kapitelsaals im 13. Jahrhundert als Beratungs- und Versammlungsraum und später als Grablege (Sepultur) des Domkapitels. Mitte des 15. Jahrhunderts wurde der Raum auf die heutige Größe verdoppelt. Zahlreiche Bronzegrabplatten bedeckten den Fußboden, sie wurden 1762 bei der Umgestaltung an den Wänden aufgestellt, wo sie noch heute zu sehen sind. Interessant: Die abgebildeten Domherren halten entweder einen Kelch oder ein Buch in der Hand, je nachdem, ob sie geweihte Priester oder nur Subdiakone waren. Damals wurde hier auch die Krümme eines Bischofsstabes aus dem 13. Jahrhundert gefunden, der als Stab des heiligen Otto verehrt wurde und heute im Diözesanmuseum zu sehen ist.

Als mit der Säkularisation das Domkapitel aufgelöst wurde, verlor der Raum seine Funktion als Begräbnisstätte. 1973 wurden alle Gräber geräumt, wobei über 1.000 Schädel geborgen wurden. Die sterblichen Überreste wurden auf dem Kapitelsfriedhof im Kreuzgang des heutigen Museums bestattet. Seine letzte Ruhe fand hier auch Meles von Bari, der Ostern 1020 zusammen mit Papst Benedikt VIII. Heinrich besuchte und ihm als Gastgeschenk den berühmten Sternenmantel überreichte (siehe Ort 98). Meles starb überraschend während seines Bamberg-Besuchs.

1992 wurde zum 70. Geburtstag von Erzbischof Elmar Maria Kredel der neue Altar geweiht. Hier werden bis heute die Werktagsgottesdienste des Domkapitels gefeiert. An den Kartagen befindet sich hier das Heilige Grab. Die Bezeichnung Nagelkapelle weist auf eine Reliquie hin, die als Nagel von der Kreuzigung Jesu verehrt wird.

72_Das Nagelreliquiar

Ein beeindruckendes Zeugnis der Volksfrömmigkeit

»Daß ist der Nagel einer mit dem dye aller heiligste glider unserß herren jhesu cristi durchwundet und mit seinem heiligen plut überflossen ist« – so wurde der elf Zentimeter lange Eisenstift, der heute wieder in der nach ihm benannten Nagelkapelle aufbewahrt wird, bei den Heiltumsweisungen des Mittelalters vom Moderator angekündigt. Er gilt der Legende nach als einer der Nägel, mit denen Christus ans Kreuz geschlagen wurde, und ist zweifellos die im Volk am meisten verehrte Bamberger Reliquie. Wann der Nagel nach Bamberg kam, ist unbekannt, sicher lässt er sich seit dem 14. Jahrhundert hier nachweisen.

Das heutige Reliquiar wurde 1484/86 vom Bamberger Goldschmied Thomas Rockenbach gefertigt und später in der Barockzeit durch gestiftete Schmuckstücke ergänzt. Weder im Markgrafenkrieg im 16. Jahrhundert noch während der Säkularisation wurde das Ostensorium eingeschmolzen und blieb so als eines der wenigen Stücke des mittelalterlichen Domschatzes im Original erhalten. Das lag an der Wertschätzung, die das Stück in der Bamberger Bürgerschaft genoss, die 1803 sogar den Materialwert aufbrachte, um es für den Dom zurückzuerwerben.

Wenn im 18. Jahrhundert der Nagel zur Verehrung ausgesetzt wurde, war der Zulauf des Volkes so stark, dass der Gottesdienst im Dom gestört wurde. Daraufhin beschloss das Domkapitel 1763, die Reliquie künftig in der Domherrensepultur auszustellen, der heutigen Nagelkapelle, die zu diesem Zweck eigens renoviert wurde. Zahlreiche Gebetserhörungen und Mirakelberichte zeugen von der prägenden Rolle, die der Nagel in der Volksfrömmigkeit spielte. Bis heute kennt die Liturgie im Dom ein eigenes »Nagelfest«, das am zweiten Freitag nach Ostern gefeiert wird. Auch wenn nicht mehr wie ehedem Hunderte kommen, um den Nagel zu küssen, so ist er doch ein authentisches Zeugnis tiefen Glaubens, der auch unabhängig von der Frage seiner »Echtheit« Ehrfurcht hervorruft.

73 Die Neue Residenz

Hier wohnte mal ein griechischer König

»Wohnt hier in diesem Palast der Erzbischof?« ist eine Frage, die manche Touristen stellen, wenn sie auf dem Domplatz stehen und auf das prächtige Barockgebäude gegenüber dem Dom deuten. Im 17. und 18. Jahrhundert wäre die Antwort »Ja« gewesen. 1604 bis 1612 entstanden die zwei hinteren Renaissanceflügel. Die beiden am Domplatz gelegenen Barockflügel mit über 100 Fenstern wurden 1697 bis 1703 nach Plänen des damaligen Stararchitekten Leonhard Dientzenhofer im Auftrag von Fürstbischof Franz von Schönborn gebaut. Vorher residierten die Fürstbischöfe in der Alten Hofhaltung, die zusammen mit Dom und Neuer Residenz ein einmaliges Platzensemble auf dem Domberg bildet.

Nach der Säkularisierung fiel der Prachtbau 1802 an die Wittelsbacher. Über 30 Jahre wohnte Herzog Wilhelm in Bayern mit seiner Familie hier, drei Jahre lang der spätere König Maximilian II. und um 1900 Erbprinz Rupprecht, der Sohn König Ludwigs III. Dass auch ein griechischer König Bewohner der Neuen Residenz war, sorgt immer wieder für Staunen: König Otto von Griechenland lebte mit Amalie und seinem Hofstaat ab 1863 hier im bayerischen Exil. Der Prunk damaliger Zeit mit vielen Möbeln und Kunstwerken kann in den Schauräumen betrachtet werden. Man sieht einen fürstbischöflichen Billardtisch, kann durch das Kaiserappartement von 1900 schreiten und vor allem den Kaisersaal mit seiner sagenhaften Wand- und Deckengestaltung betrachten, der zweifellos den größten Gegensatz darstellt zum heutigen Bischofshaus und seiner schlichten 100-Quadratmeter-Wohnung.

Die Neue Residenz, die im Zweiten Weltkrieg weitgehend unbeschädigt blieb, beherbergt heute außerdem die Staatsgalerie der Bayerischen Staatsgemäldesammlungen mit Meisterwerken altdeutscher und barocker Malerei sowie seit 1965 die Bayerische Staatsbibliothek mit ihren 566.000 Medieneinheiten.

74 Der Opferstock »Für den Bonifatiusverein«

In Bayern sind längst nicht alle Menschen katholisch

Wer durch die Adamspforte den Dom betritt und nach vorne schreitet, sollte nicht achtlos am Opferstock für den Bonifatiusverein vorbeigehen. Auffällig ist das darüber montierte Plakat, das 1927 der Paderborner Künstler Josef Dominicus gestaltet hat. Es zeigt die überragende Gestalt des heiligen Bischofs Bonifatius, dem »Apostel der Deutschen«, der im 8. Jahrhundert in den heutigen Gebieten Frieslands, Hessens, Thüringens und Bayerns das Christentum verbreitet hat. Im Hintergrund ist eine notleidende Menschengruppe zu sehen, die vor einer im Bau befindlichen Kirche steht. Bonifatius hält seine geöffnete Hand als Geste des Bittens um eine Spende für die Diaspora. Damit bezeichnet man Gebiete, in denen Katholiken in der Minderheit leben.

Wer sich durch das katholisch geprägte Bamberg bewegt, ahnt vielleicht nicht, dass das Erzbistum mit einem Katholikenanteil von etwa einem Drittel ein Diasporabistum ist. Das ist für das katholische Bayern bemerkenswert. Die Ursache liegt vor allem darin, dass zum Bistumsgebiet auch viele evangelisch geprägte Gebiete wie die Metropole Nürnberg und Coburg gehören. Während der Reformation verlor das Bistum über 100 Kirchen an die Protestanten. Der ökumenische Austausch ist heute fester Bestandteil des Glaubenslebens in der Region, die mit Günther Beckstein und Markus Söder immerhin schon zwei bekennend protestantische Ministerpräsidenten hervorgebracht hat.

Der 1849 gegründete Bonifatiusverein heißt heute Bonifatiuswerk und hat zur Zeit der deutschen Teilung vor allem die Katholiken in der DDR unterstützt. In jüngster Zeit unterstützt das Bonifatiuswerk zudem Katholiken in Nordeuropa. Auch wenn das fast 100 Jahre alte Plakat einen anderen Eindruck erwecken könnte: Der Opferstock wird regelmäßig geleert, und die eingeworfenen Spenden erreichen ihren guten Zweck.

ST. BONIFATIUS
BITTET
FÜR DIE DIASPORA
Almosen
für den
Bonifatiusverein

75 Der Opferstock »Für die Dompfarrei«

Der Dom ist auch Pfarrkirche

Im nördlichen Seitenschiff ist der Opferstock »Für die Dompfarrei« zu finden. Hierbei fällt auf, dass es sich wohl um ein umfunktioniertes Weihwasserbecken der historistischen Neuausstattung des Doms aus den Jahren 1829 bis 1842 unter König Ludwig I. von Bayern handelt. Opferstöcke im Bamberger Dom sind in den Quellen seit dem frühen 16. Jahrhundert nachweisbar. Derartige »Almosenstöcke« standen in der Nähe der Altäre. Bei der Umgestaltung des Doms 1830 wurden sieben solche Opferstöcke entfernt.

Der Spendenaufruf weist auf eine Besonderheit des Doms hin, der nicht nur Kathedrale und Bischofskirche, sondern seit über 200 Jahren auch Pfarrkirche der Dompfarrei ist. Zwar ist ein Dompfarrer bereits im Jahr 1202 urkundlich nachgewiesen. Zahlenmäßig spielte die Dompfarrei in Bamberg jedoch lange keine große Rolle: Während Ende des 18. Jahrhunderts die zwei großen Stadtpfarreien St. Martin und Unsere Liebe Frau (Obere Pfarre) 16.000 Seelen zählten, bestand die Gemeinschaft der Dompfarrei St. Veit als Enklave innerhalb der Oberen Pfarre aus weniger als 300 Personen mit einem ungewöhnlich hohen Anteil an Dienstboten. Nach dem Ende des Hochstifts und der Säkularisation wurde 1803 beschlossen, vier gleich große Pfarreien in Bamberg zu bilden. Bis zur Einteilung der Sprengel gingen noch einige Jahre ins Land, sodass die heutige Dompfarrei 2006 ihr 200. Jubiläum feiern konnte. Seit der jüngsten Strukturreform im Erzbistum im Jahr 2019 gehört die Dompfarrei St. Georg und St. Paul zum Seelsorgebereich Bamberger Westen.

Das Kirchenrecht besagt übrigens, dass alle Spenden, die im Dom gegeben werden, der Dompfarrei zugutekommen, sofern sie nicht anders zweckbestimmt sind. Zu Beginn des Ukrainekrieges wurden in dem Opferstock Spenden für ukrainische Flüchtlinge gesammelt.

SPENDE
DOMPFARREI
DONATION
PARISH

76__Die Orgel

Ein Schwalbennest in zehn Meter Höhe

Die Orgel nennt man die Königin der Instrumente. Im Bamberger Dom erklingen Orgeltöne nachweislich schon seit mehr als 600 Jahren. Ein Organist, der die Bamberger Domorgel spielt, sollte keine Höhenangst haben. Denn das Instrument aus der Kategorie der »Schwalbennest-Orgeln« befindet sich in etwa zehn Meter Höhe.

Das heutige Instrument stammt aus dem Jahr 1976 und befindet sich an der nördlichen Seitenwand des Mittelschiffes. An diesem für die Akustik günstigsten Ort wurden seit dem 15. Jahrhundert alle Hauptorgeln platziert. Für Kenner: Sie wurde von der Firma Rieger gebaut, und die Disposition umfasst vier Manuale und Pedal mit 78 klingenden Registern und mehreren Spielhilfen. Sie ist die größte Orgel, die jemals im Dom installiert war.

Künstlerisch gestaltet ist die Hauptorgel von Klaus Backmund, der auch Altar und Ambo geschaffen hat. Mit der Weihe der neuen Orgel am 28. März 1976 wurde die liturgische Neugestaltung des Dom-Innenraumes feierlich abgeschlossen. Ende der 90er Jahre wurde die Orgel überarbeitet und zuletzt im Jahr 2014 einer Generalreinigung unterzogen. Enorme Verschmutzungen aus Jahrzehnten durch Staub, Kerzenruß und umgewälzte Heizungsluft mussten entfernt und die Technik auf den neuesten Stand gebracht werden.

Umrahmt ist die Orgel von vier großen Engeln mit jeweils einem Symbol der Evangelisten zu ihren Füßen. Symbolisiert wird damit der Chor der Engel zu Lob und Ehre Gottes. Die Evangelisten machen deutlich, dass Kirchenmusik nicht zur Untermalung der Liturgie dient, sondern zur Verkündigung der Frohen Botschaft.

Eine zweite, kleinere Orgel befindet sich im Ostchor, wo die Sängerinnen und Sänger der Domchöre stehen und begleitet werden. Vom Spieltisch der Chororgel aus kann auch die Hauptorgel angespielt werden. Von Mai bis Oktober finden immer samstags um 12 Uhr hochkarätige Orgelkonzerte statt.

77 Das Ossarium

Ort der (vor)letzten Ruhe für über 1.000 Domherren

Die heutige Nagelkapelle, die sich südlich an das Querhaus des Doms anschließt, war ursprünglich sowohl der Versammlungsraum des Domkapitels als auch dessen Begräbnisort, die sogenannte Sepultur. Jahrhundertelang war es üblich, die bei der Wiederbelegung eines Grabes vorgefundenen Gebeine in ein Ossarium zu bringen. Dieses befand sich unterhalb des Magdalenen- beziehungsweise Kreuzaltars, dem wichtigsten Altar der Sepultur, dort, wo heute das Nagelreliquiar steht. Zugänglich war dieser Kellerraum jedoch vom Westflügel des Kreuzgangs aus. Ein Fenster in der Ostwand sorgte für etwas Licht und vor allem Luftzufuhr. Als man nun im vergangenen Jahrhundert den Kreuzgang verglaste, war die freie Luftzirkulation nicht mehr gewährleistet, was zur Folge hatte, dass es zu unangenehmer Geruchsentwicklung kam. Daher entschloss man sich 1973, das Ossarium zu räumen und die Gebeine in Erdgräbern beizusetzen.

Im Jahr 1982 wurden die sterblichen Überreste schließlich in eine ausgemauerte Gruft im neu gestalteten Kapitelsfriedhof überführt. Bei diesen Umbettungen fand man etwa 800 bis 1.000 Textilfragmente, die heute im Diözesanmuseum aufbewahrt werden und teilweise auch besichtigt werden können. Schließlich war es über Jahrhunderte hinweg Brauch, die Geistlichen in den Gewändern ihres Amtes beizusetzen. Dabei fanden wohl meist gebrauchte Stücke Verwendung, aber in jedem Fall dürften es wertvolle und außergewöhnliche Stoffe gewesen sein. Die ältesten Textilien, die man gefunden hat, sind älter als der Bamberger Dom, als Herkunftsorte konnten unter anderem Zentralasien, das Byzantinische Reich und der islamische Kulturraum bestimmt werden.

Übrigens hat man damals auch die Schädel gezählt, um abschätzen zu können, wie viele Domherren im Ossarium ihre (vor)letzte Ruhestätte gefunden hatten: Man kam auf die unglaublich hohe Zahl von 1.056 Individuen. Sie mögen ruhen in Frieden!

78 Der Osterleuchter

300 Jahre im Dienst

Der Leuchter, auf dem in jedem Jahr die Osterkerze des Doms ihren Platz findet, stammt bereits aus dem 12. Jahrhundert und ist damit als eines der ältesten Ausstattungsstücke der Kathedrale älter als der bestehende Dom selbst. Die Inschrift am Rand des Kerzentellers nennt den Domdekan Hermann von Aurach als Stifter, der von 1165 bis 1182 amtierte: »Gestirn, das hell am Himmel leuchtet, heiliger Georg, lass dich durch die Geschenke des demütig flehenden Dekans Hermann gnädig stimmen.« Entgegen früherer Annahmen handelt es sich bei Domdekan Hermann nicht um den späteren Bischof Hermann II., der ab 1170 amtierte.

Der 1,77 Meter hohe Leuchter ruht auf einem Sockel, der von vier Drachen getragen wird. Der kannelierte Schaft ist durch fünf Knäufe gegliedert, die von unten nach oben in der Größe abnehmen. Bohrlöcher, die sich in regelmäßigen Abständen daran finden, sind ein deutlicher Hinweis darauf, dass es sich bei der Stiftung Hermanns ehemals um einen siebenarmigen Leuchter gehandelt haben muss. Vorbild derartiger Leuchter war die Menora aus dem salomonischen Tempel in Jerusalem, von der die Bibel berichtet (Exodus 37,17-24) und die auch auf den Reliefs des Titusbogens in Rom zu sehen ist. Da die mittelalterliche Theologie darin ein Symbol für den Lebensbaum sah, der aus der Wurzel Jesse hervorgeht, sollten solche Leuchter häufig an verstorbene Stifter erinnern.

Aus derselben Zeit stammt der bekannte siebenarmige Leuchter in St. Blasius in Braunschweig, der am Grab Heinrichs des Löwen stand. Das Bamberger Exemplar war ursprünglich wohl im Georgenchor im Osten der Kathedrale aufgestellt. In welcher Zeit er seine Arme verloren hat, wissen wir nicht, aber es ist nachgewiesen, dass er mindestens seit etwa 300 Jahren als Osterleuchter dient. Außerhalb der Osterzeit kann er in der Schatzkammer des Diözesanmuseums aus der Nähe betrachtet werden.

79 Otto II. von Andechs-Meranien

Die Blattmaske des Reiters und ihre kleine Schwester

Die bekannteste Skulptur des Bamberger Doms ist zweifellos der Bamberger Reiter. Wer etwas genauer hinsieht, erkennt zu seinen Füßen in der rechten Konsole des Sockels eine Maske, die aus einem Blatt herausgearbeitet ist: Aus dem mittleren Stängel eines akanthusartigen Blattes bildet sich die Nase, die Augen werden durch vertieft eingebohrte Pupillen hervorgehoben, die nach rechts blicken.

Gerne wird die Abfolge Blattmaske – Pferd – Reiter als die Andeutung der hierarchischen Aufeinanderfolge von Pflanzenreich, Tierreich und Menschheit gedeutet. Nur die wenigsten wissen, dass es im Dom noch eine weitere Blattmaske gibt, nämlich am Grabmal für Otto II. von Andechs-Meranien, das in der Ostkrypta aufgestellt ist. Ganz offensichtlich ist dieses Grab aus Bauteilen zusammengesetzt worden, die früher einem anderen Zweck gedient haben, wie das gotische Maßwerk zeigt. Es spricht einiges dafür, dass es sich um Material handelt, das ursprünglich am Lettner verbaut war.

Die Familie Bischof Ottos, die Andechs-Meranier, war zeitweise die mächtigste Sippe am Obermain. Insgesamt drei Angehörige dieser Familie, die mit mehreren Fürstenhöfen verschwägert war, bestiegen den Bamberger Bischofsthron. Die Entstehung eines dauerhaften weltlichen Fürstentums der Andechs-Meranier auf dem späteren Bamberger Hochstiftsgebiet war damals im Bereich des Möglichen, doch starb das Geschlecht im Jahr 1248 aus. Dadurch wurde der Entwicklung des Bistums zu einem geistlichen Fürstentum der Weg gebahnt. »Unter dem Krummstab lässt sich gut leben«, hieß es in der guten alten Zeit – fast wäre also im Fall von Bamberg nichts daraus geworden. Heute erinnert neben dem Meranier-Gymnasium in Lichtenfels noch der Heilige Berg Andechs samt zugehöriger Klosterbrauerei an die Familie des Bischofs, der im Grab mit der geheimnisvollen Blattmaske liegt.

80 Die Ottogruft

Kriechen gegen Rückenschmerzen

Unter der Vierung des Bamberger Doms befindet sich ein querrechteckiger Raum, der heute als Zugang zur neu geschaffenen Bischofsgrablege in der ehemaligen Westkrypta des Heinrichsdoms dient. Dort wurde im Zuge der Neugestaltung der Grablege eine Büste des heiligen Otto aufgestellt, um einen Erinnerungsort an den einzigen bisher heiliggesprochenen Bamberger Bischof in seiner Kathedrale einzurichten.

Die von Fritz Koenig im Auftrag des Domkapitels geschaffene Bronzefigur erinnert in ihrer hageren Formgebung an die Bischofsgrabmäler für Friedrich I. von Hohenlohe beziehungsweise Friedrich II. von Truhendingen. Sie zeigt den Oberhirten als Greis sowie als Dombaumeister mit einem Dommodell in den Händen, hatte er doch vor seiner Berufung auf den Bamberger Bischofsstuhl die Großbaustelle des Speyerer Doms geleitet und auch einen grundlegenden Umbau seiner Bischofskirche veranlasst. Otto, der von 1102 bis 1139 der Bamberger Diözese vorstand, ist vor allem wegen seiner Missionsreisen nach Pommern bekannt, weshalb er bis heute in Polen (vor allem im Raum des Erzbistums Stettin) und im Bistum Berlin verehrt wird. Zu Hause machte er sich vor allem als Gründer und Reformer von Klöstern einen Namen. So fühlte er sich besonders dem Benediktinerkloster Michelsberg auf dem Nachbarhügel zum Domberg verbunden, wo er schließlich auch begraben wurde. Die Mönche nutzten dies, um die kultische Bedeutung ihres Gotteshauses gegenüber dem Dom herauszustellen. Bis heute gilt das Kriechen durch das Ottograb im Volksmund als hilfreich bei Rückenschmerzen – vergleichbare Patronate von den im Dom begrabenen Heiligen Heinrich und Kunigunde sind nicht bekannt.

Das Reliquiar eines Unterarmknochens des Bischofs sorgt dafür, dass wenigstens ein Stück des Heiligen in seiner Bischofskirche seine letzte Ruhestätte gefunden hat.

81_Das Papstgrab

Unikat in Deutschland

Dass man Bamberg »Fränkisches Rom« nennt, wird vor allem damit begründet, dass beide Städte auf sieben Hügeln errichtet sind. Aber die Verbundenheit mit Rom ist stärker. Schon die Gründung des Bistums durch Kaiser Heinrich 1007 geschah in enger Absprache mit Rom, Heinrich besuchte die »Ewige Stadt« mehrmals, und im Jahr 1020 gab es einen ersten Papstbesuch, als Benedikt VIII. die (heute evangelische) Stephanskirche weihte.

Der zweite Bamberger Bischof Suidger I. wurde im Jahr 1046 zum Papst gewählt. Er nannte sich Clemens II. und blieb auch während seiner kurzen Amtszeit eng mit seiner Heimat verbunden. So eng, dass er selbst während seines Pontifikats Bamberger Bischof blieb und schriftlich festlegte, in Bamberg begraben zu werden. Dazu kam es schneller als gedacht, denn er starb schon am 9. Oktober 1047. Schnell kamen Gerüchte auf, der Papst sei keines natürlichen Todes gestorben. Für die Mordthese spricht, dass Clemens ein Reformpapst war, der Gesetze gegen den Kauf von Ämtern erließ.

Dass Clemens hier beigesetzt wurde, hatte zur Folge, dass es in Bamberg das einzige Papstgrab in Deutschland gibt. Weil die meisten Päpste in Rom ihre letzte Ruhe fanden, spricht man auch vom »einzigen Papstgrab nördlich der Alpen«. Zu sehen ist das Hochgrab, das im 13. Jahrhundert beim Bau des heutigen Ekbert-Doms entstanden ist, im nicht zugänglichen Westchor etwas versteckt hinter dem Bischofsstuhl. An den Seitenwänden des Marmorsargs sind die vier Kardinalstugenden Klugheit, Maßhalten, Tapferkeit und Gerechtigkeit dargestellt. An der Kopfseite ist die Auferstehung Clemens' vom Totenbett zu sehen: Der sterbende Papst wird durch einen Engel in den Himmel gerufen.

Bei der letzten Graböffnung 1942 wurde die gut erhaltene Pontifikalkleidung entnommen, sie ist heute zusammen mit einer Kopie des Grabmals im Diözesanmuseum ausgestellt.

82 Das Papstornat

Was Sie weltweit nur in Bamberg sehen können

Bekanntlich wurde am Heiligen Abend des Jahres 1046 der zweite Bamberger Bischof Suidger zum Papst gewählt, der sich fortan Clemens II. nannte und nach seinem Tod im Dom begraben wurde. Als man mitten im Zweiten Weltkrieg das Papstgrab öffnete, um es vor befürchteten Bombenschäden zu schützen, stellte man fest, dass der Inhalt des Sarkophags noch vorhanden war. Die sterblichen Überreste des Papstes wurden 1947 wieder darin beigesetzt, während man die bischöflichen Gewänder entnahm und sie restaurierte. Seit 1966 sind sie im Diözesanmuseum ausgestellt.

Es handelt sich dabei um eine Dalmatik (Gewand eines Diakons), eine Glockenkasel (Messgewand), ein Pluviale (Chormantel), eine Stola (Abzeichen des Priesters), ein Zingulum (Gürtel), Pontifikalstrümpfe sowie um Reste des Palliums. Dessen schwarze Seidenkreuze auf weißer Wolle tragen Metropoliten (Erzbischöfe) und Päpste bis heute bei besonderen und feierlichen Gottesdiensten. Wertvolle, über 1.000 Jahre alte Stoffe aus Italien und Byzanz lassen noch immer ihre ehemalige Pracht erkennen.

Die rotblonde Haarsträhne, die in einer Vitrine zu sehen ist, lässt die Angabe der Chroniken glaubwürdig erscheinen, dass der Papst gebürtig aus Hornburg in Niedersachsen stammte. Auch wenn es grundsätzlich denkbar ist, dass diese bischöflichen Gewänder erst im 13. Jahrhundert bei der Umbettung des Papstes in den Domneubau ins Grab gelangt sind, könnte es sich doch – wenigstens in Teilen – um den Ornat eines Papstes handeln, der vor 1.000 Jahren die Kirche regiert hat. Etwas Vergleichbares gibt es selbst in Rom nicht zu sehen, weil dort durch den Neubau der Petersbasilika im 16. Jahrhundert viele historische Papstgräber zerstört worden sind. Auch in New York oder London würden Sie vergeblich danach suchen – nur in Bamberg kann eine solche Pracht besichtigt werden. Schon allein deshalb lohnt sich der Besuch des Diözesanmuseums.

83 Das Papstwappen

Weshalb der Bamberger Dom eine Papstbasilika ist

Über dem südöstlichen Eingang des Doms ist ein Wappen angebracht. Auf einem blauen Schild, das von den gekreuzten Schlüsseln, dem Symbol der Binde- und Lösegewalt der Päpste, sowie einer Mitra geziert wird, erkennt man oben das Zeichen des Ordens der Gesellschaft Jesu. Unter dem Christusmonogramm der Jesuiten finden sich eine Sonne und eine Nardenblüte, die für Maria und den heiligen Josef stehen. Der Wahlspruch »Miserando atque eligendo« verweist auf die Berufung des Zöllners Matthäus durch Jesus, eine Schlüsselszene für die Frömmigkeit von Papst Franziskus, um dessen Wappen es sich handelt.

Aber warum ist das Wappen des jeweiligen regierenden Papstes am Dom angebracht? Das ist nicht bei jeder katholischen Kirche so. Das Wappen zeigt (zumindest für Insider, zu denen jetzt auch die Leser dieses Buches gehören), dass die damit ausgezeichnete Kirche eine sogenannte Päpstliche Basilika ist. Natürlich befinden sich die großen Papstbasiliken wie etwa St. Johann im Lateran oder St. Peter in Rom. Erst vor gut 100 Jahren wurden auch Kirchen in Deutschland mit diesem Ehrentitel ausgezeichnet.

Anlass der Verleihung ist häufig ein besonderes, bevorstehendes Jubiläum. So erhielt der Dom im Jahr 1924, aus Anlass des 900. Todestags des heiligen Heinrich, den Titel einer »Basilica minor« zugesprochen, damals von Papst Pius XI., der in der Erhebungsurkunde ausdrücklich das Grab seines Vorgängers Clemens II. sowie die beiden Papstbesuche von Benedikt VIII. und Leo IX. in Bamberg als Begründung nannte. Der symbolische Sinn der Verleihung besteht im Ausdruck der wechselseitigen Beziehung der Ortskirche zur Weltkirche: Es handelt sich bei einer Basilika im Grunde genommen um ein Stück Rom vor Ort. Übrigens war die Wallfahrtsbasilika Vierzehnheiligen im Bistum Bamberg 1897 die zweite Kirche in Deutschland überhaupt, der diese Ehre zuteilwurde.

IHS
MISERANDO ATQUE ELIGENDO

84 Die Peterschorschranken

Auch im Weltkulturerbe blieb manches unvollendet

Die Chorschranken des westlichen Chors aus den Jahren 1230/35 riegeln im wahrsten Sinn des Wortes die Vierung ab, also den zentralen Bereich, wo sich Hauptschiff und Querhaus kreuzen. Dieser hervorgehobene Ort blieb ursprünglich den Geistlichen für die Gottesdienste vorbehalten. Die Tatsache, dass sich seit der Liturgiereform die Altarinsel von dort zum Volk hin öffnet, macht einmal mehr das seit dem Mittelalter grundlegend gewandelte Gottesdienstverständnis deutlich.

Auf den südlichen Chorschranken finden sich über fünf Rundbogenarkaden neun gerahmte Felder in Kleeblattarkaden. Darin sind um die Gottesmutter Maria herum sechs der Apostel sowie das Kaiserpaar Heinrich und Kunigunde gemalt, begleitet von Engeln und Propheten. Die Malereien sind leider sehr schlecht erhalten und entweder gar nicht mehr oder nur in Spuren erkennbar. Sie sind jedoch von bemerkenswerter Qualität und reich mit Gold verziert.

Ursprünglich war sicher vorgesehen, diesen Gemäldezyklus auf der Nordseite durch die fehlenden sechs Apostel zusammen mit Christus und vermutlich den beiden Ritterheiligen Georg und Mauritius zu ergänzen – sie sollten gemeinsam mit den ausgeführten Heiligen der Südseite sozusagen den Altar umstehen. Jedoch wurde dieses Programm nie ausgeführt, die Arkaden auf der Nordseite blieben kahl. Der Grund dafür ist unbekannt, ein Zusammenhang mit dem Tod des Bauherrn Bischof Ekbert ist nicht bewiesen, aber anzunehmen.

Es blieb also selbst bei einem derartigen Projekt wie dem Dombau, der zur Keimzelle des Weltkulturerbes Bamberger Altstadt werden sollte, manches von Anfang an Fragment, hochfliegende Pläne konnten nicht mehr umgesetzt werden, Ideen vergingen mit denen, die sie gedacht hatten – insofern können auch wir ein wenig gelassener damit umgehen, wenn im Leben der eine oder andere unserer Pläne scheitert.

85_Philipp Valentin Voit von Rieneck

Als die Domherren noch adelig sein mussten

Bei dem fast sechs Meter hohen Grabmal des 1672 verstorbenen Fürstbischofs Philipp Valentin Voit von Rieneck, das an der Ostwand des südlichen Querschiffs aufgestellt ist, handelt es sich um das einzige im Dom verbliebene Epitaph der Barockzeit. Die der anderen Fürstbischöfe jener Zeit wurden im Zuge der Purifikation der Kathedrale im 19. Jahrhundert auf den Michelsberg verbracht. Das vom Würzburger Hofbildhauer Hans Philipp Preiß entworfene Grabmal wird nach oben vom Amtswappen des Fürstbischofs abgeschlossen, welches das Familienwappen (ein schreitender silberner Steinbock in Rot) mit dem Bamberger Hochstiftslöwen kombiniert. An den Seiten der Standfigur befinden sich die acht sogenannten Agnatenwappen.

In der Barockzeit dienten die Domkapitel als Versorgungseinrichtung für Söhne des Adels, die das Stammschloss nicht erben konnten. Da man unter sich bleiben wollte, mussten die Bamberger Domherren, aus deren Mitte jeweils der Fürst gewählt wurde, bereits beim Eintritt ins Domkapitel nachweisen, dass ihre Vorfahren einschließlich aller Urgroßeltern von Adel waren. Häufig hatten mehrere Brüder in mehreren Domstiften gleichzeitig solche Pfründen inne, die untereinander getauscht werden konnten und im Fall einer Wahl mit den zahlreichen Cousins zusammenwirkten. Schließlich waren die Mitglieder dieser Gesellschaftsschicht der fränkischen Reichsritter sämtlich miteinander verwandt. So waren allein die Voit von Rienecks im 17. und 18. Jahrhundert mit neun Mitgliedern in den Kapiteln von Bamberg und Würzburg vertreten.

Das alles zeigt, dass die Auswahl der Bischöfe schon immer wechselnden Formen unterworfen war, was die Legitimität der Suche nach einem dem 21. Jahrhundert entsprechenden Verfahren eindrücklich unterstützt.

86_Der Radleuchter

Der heilige Joseph verrät die Nachbildung

Schon im allerersten Dom gab es einen als »corona« (Krone) bezeichneten Radleuchter, der vermutlich dem ersten Dombrand des Jahres 1081 zum Opfer fiel. Reste geschmolzener Bronze, die man bei Ausgrabungen dem zweiten Brand von 1185 zuordnete, könnten auch von einem derartigen Leuchter stammen. Der jetzige Leuchter, der einen Durchmesser von 2,30 Meter aufweist, wurde zu Beginn des 20. Jahrhunderts in neoromanischen Formen geschaffen und zunächst im Ostchor angebracht, wo damals das liturgische Zentrum des Doms lag. Konsequenterweise wurde er nach der liturgischen Umgestaltung der Kathedrale 1975 über der neuen Altarinsel im Westen aufgehängt. Vorbilder dafür waren zwei in Aachen beziehungsweise auf der Comburg erhaltene Radleuchter des 12. Jahrhunderts.

Acht beleuchtete Türmchen werden durch ebenso viele Segmentbögen verbunden, die mit gravierten Darstellungen von Christus sowie der Heiligen Kilian, Joseph, Kunigunde, Heinrich, Otto, Petrus und Maria verziert sind. Der heilige Joseph als typischer Heiliger der Epoche der Neoromanik sowie als Namenspatron des damaligen Erzbischofs Joseph von Schork (1891–1905) verrät die Entstehungszeit des Leuchters. Direkt über dem Altar hängt ein Kreuz, das von den Buchstabensymbolen »Alpha« und »Omega«, die wiederum für Christus stehen, flankiert wird.

Die ursprünglich 40 Kerzen wurden bereits 1905 durch elektrische Lämpchen ersetzt, die durch bewegliche Birnchen flackernde Flammen vortäuschen. An sich könnte der Leuchter durch eine Vorrichtung im Dachraum abgesenkt und aufgezogen werden, was nun allerdings das Elektrokabel erschwert. Derartige Lichterkronen symbolisierten in der Romanik das Himmlische Jerusalem: »Du hast uns in der Kirche auf Erden ein Abbild des himmlischen Jerusalem geschenkt«, heißt es in der Kirchweihmesse. Wohl selten passen diese Worte besser als im Bamberger Dom.

87_Das Rationale

Schon immer etwas Besonderes

Unter Einflüssen aus dem Alten Testament entwickelte sich gegen Ende des ersten Jahrtausends ein liturgischer Schulterschmuck für Bischöfe, der über dem Messgewand getragen wurde. Im Buch Exodus wird das als Vorbild dienende Efod des Hohenpriesters wie folgt beschrieben: »Das Efod sollen sie als Kunstweberarbeit herstellen, aus Gold, violettem und rotem Purpur, Karmesin und gezwirntem Byssus. Es soll zwei miteinander verbundene Schulterstücke haben, und zwar an seinen beiden Enden sollen sie miteinander verbunden sein (Ex 22, 6 f.).« Ab dem 9. Jahrhundert verlieh der Papst bestimmten Bischöfen das Recht, das diesem Efod nachempfundene Rationale als eine Form der Auszeichnung zu tragen.

Das Bamberger Rationale, das älteste erhaltene Exemplar überhaupt, wird im Diözesanmuseum gezeigt. Es besteht aus reicher Goldstickerei mit Figuren und Spruchbändern. Die mittlere Rechteckform wird von zwei senkrechten Streifen flankiert. An den Schulterpartien sind Brust- und Rückenbild durch runde Schulterstücke miteinander verbunden. Die Hauptschauseite am Rücken zeigt biblische Szenen, etwa das Lamm Gottes und das »Buch mit den sieben Siegeln« aus der Geheimen Offenbarung des Johannes, auf den Streifen sind Apostel zu sehen, auf der Vorderseite Christus.

Nachdem der Bamberger Bischof bereits im 11. Jahrhundert vom Papst das außergewöhnliche Recht verliehen bekam, sich mit dem wichtigeren Pallium – also dem Rangabzeichen des Erzbischofs – zu schmücken, obwohl Bamberg damals noch lange kein Erzbistum war, geriet hier der Brauch, das Rationale zu tragen, außer Übung. In der frühen Neuzeit wurde das Rationale, das schon der erste Bamberger Bischof Eberhard I. um 1025 getragen haben dürfte, »repariert« und auf ein Gewand aus blauem Seidendamast übertragen. Heute wird ein solcher Gewandschmuck nur noch von den Bischöfen von Eichstätt, Paderborn, Krakau und Toul-Nancy getragen.

88 Das Reiterhäuschen

Noch geheimnisvoller als der Reiter im Dom

Nur wenigen Besuchern des Bamberger Doms ist bekannt, dass es außer dem weltberühmten Reiter im Innern noch drei weitere Reiterfiguren gegeben hat, die vor dem Ostchor auf dem Domkranz aufgestellt waren. Wer sich die Außenwand der Ostapsis genauer ansieht, kann dort bis heute unschwer die Abdrücke von Dachschrägen und einem Gewölbe erkennen, die sich ehedem dort befunden haben müssen. Tatsächlich ist auf alten Abbildungen an dieser Stelle ein sogenanntes »Reiterhäuschen« erkennbar, das 1515/18 nördlich der Zentralachse des Doms errichtet worden war und 1841 abgebrochen wurde.

Aus dem Abbruchmaterial haben sich mehrere Wappen und der Torso eines Reiters erhalten. Die Wappen des Hochstifts und der Andechs-Meranier sollten wohl auf den Erbauer des Doms, Bischof Ekbert von Andechs-Meranien, verweisen und die Wappen des Deutschen Reiches und Bayerns auf den Bistumsgründer Kaiser Heinrich II. Das Wappen der Familie von Redwitz muss natürlich als Hinweis auf den Stifter des Gebäudes, den Domherrn Friedrich von Redwitz, verstanden werden.

Wer aber waren die drei Reiter im Innern des Gewölbes? An phantasievollen Deutungen fehlte es im Laufe der Geschichte nicht. So soll es sich angeblich um Teilnehmer eines Ritterturniers handeln, das 1486 in der Domstadt stattfand, man sah in den Figuren die Heiligen Drei Könige oder die beiden Bistumsgründer Heinrich und Kunigunde in Kombination mit dem Dompatron Georg. Auch die drei heiligen Ungarnfürsten Stephan, Emerich und Ladislaus wurden vorgeschlagen. Favorisiert wird derzeit in der Forschung die Idee, es handle sich um eine Darstellung des Patrons der Andechs-Meranier, also des heiligen Mauritius, und seiner Gefährten. Bewiesen ist aber nichts. Sicher dürfte jedoch sein, dass die drei Musketiere nicht gemeint sind, auch wenn der Domplatz vor einigen Jahren als Filmkulisse für deren Abenteuer diente.

89 Das Relief des Erzengels Michael

Er wurde gestürzt, der große Drache …

An den Chorschranken gleich hinter der Adamspforte ist in einem Relief der Kampf des Erzengels Michael mit dem Drachen, dem Symbol des Bösen, dargestellt, so wie er in der Bibel im 12. Kapitel der Geheimen Offenbarung geschildert wird. Das Untier liegt besiegt am Boden, während Michael, der ein Schwert schwingt und ein Schutzschild in der Hand trägt, als Sieger über ihm triumphiert. Vermutlich brachte man das Bild des Erzengels an dieser Stelle an, weil der Ostchor des Doms ursprünglich unter anderem diesem Anführer der Engel geweiht war. Vielleicht auch, weil er als metaphysischer Torwächter darauf achten sollte, dass nicht zu viel Böses durch die Tür von außen in die Kirche eindringt.

Kaiser Heinrich II., der Stifter des Doms, hatte ein besonderes Verhältnis zum heiligen Michael, deswegen trug er auch dafür Sorge, dass seine Gründung Bamberg durch ein dem Erzengel geweihtes Heiligtum übernatürlichen Schutz erfuhr: das Kloster Michelsberg, das bis heute das Stadtbild prägt.

Bekanntlich gibt es auch andere Heilige, die mit einem Drachen kämpften – am geläufigsten dürfte Sankt Georg sein, einer der beiden Dompatrone. Es gibt aber ikonografisch einen interessanten Unterschied zwischen den beiden: Während Georg den Drachen eigentlich immer an der Brust oder am Hals trifft, sticht Michael ihn ins Maul, auch hier am Aufgang zum Ostchor. Es scheint fast so, als wollte uns der Erzengel damit einen Hinweis geben, wie viel Böses häufig aus unserem Mund hervorgeht: Wir lästern und reden schlecht über andere, machen uns lustig über Wehrlose oder verbiegen auch schon mal die Wahrheit …

Das Bild des heiligen Erzengels Michael will uns wohl sagen: Bösartiges Gerede hat an dieser heiligen Stätte nichts verloren.

90_Der Riemenschneider-Altar

Dieses Patchwork-Werk lässt viele Fragen offen

Neben dem Kaisergrab gibt es ein weiteres Kunstwerk im Dom, das den Namen von Tilman Riemenschneider trägt: der Riemenschneider-Altar an der Außenwand des nördlichen Seitenschiffs am Beginn des Querhauses. Die Bezeichnung ist allerdings etwas irreführend, denn nur die Skulptur des heiligen Sebastian im Mittelschrein wird der Werkstatt des berühmten Bildschnitzers zugeordnet. Die Figur stammte aus dem Nachlass eines Fürther Pfarrers und gelangte 1907 in den Besitz des Domkapitels. Der Altar wurde 1926 aus verschiedenen Figuren zusammengestellt, die als Einzelstücke nicht für den Dom geschaffen worden waren. Die Herkunft der übrigen Skulpturen, die wohl aus dem 16. Jahrhundert stammen, ist nicht bekannt.

Neben dem heiligen Sebastian sind im Mittelschrein Stephanus und Heinrich dargestellt, weshalb der Altar auch Heinrichsaltar genannt wird. Die Hochreliefs in den Seitenflügeln zeigen die heilige Dorothea mit Blütenkranz und Korb, die heilige Margaretha mit Buch und Drachen, die heilige Ursula mit Pfeilen und eine unbekannte Heilige. Auf der rechten Seite sind die heilige Katharina von Alexandrien mit Schwert, die heilige Barbara mit Kelch, die heilige Kaiserin Helena mit Krone und Kreuz und die heilige Maria Magdalena mit Salbenbüchse dargestellt. Diese Figuren hatte Erzbischof von Schork in seiner Zeit als Würzburger Dompfarrer gekauft.

Im Sockel ist mittig die Heilige Dreifaltigkeit mit Jesus Christus als Gekreuzigtem und dem Heiligen Geist als Taube zu sehen, links daneben das Kaiserpaar Heinrich und Kunigunde mit dem Modell des von ihnen gestifteten Doms. Rechts unten sind ein Diakon, ein Benediktinerabt und ein Bischof zu sehen. Wer hier dargestellt wurde, ist nicht bekannt. Auf dem Mittelschrein sieht man die heilige Anna als Sitzfigur mit ihrer Tochter Maria und dem Jesuskind.

91 Der Rosengarten

Ein buntes Blütenmeer mit fabelhaftem Altstadtblick

Die zweithäufigste Frage von Touristen, die den Dom bereits gefunden haben (nach: »Wo ist der Bamberger Reiter?«), lautet: »Wo ist der Rosengarten?« Die Antwort: einmal quer über den Domplatz durch den Torbogen in der Residenz und dann rechts. Dort ist etwas versteckt im Innenhof ein prächtiges, farbenfrohes Blumenmeer zu finden. Der Garten wurde 1733 unter Fürstbischof Karl von Schönborn nach den Plänen des Baumeisters Balthasar Neumann neu angelegt, nachdem sich an dieser Stelle im 16. Jahrhundert bereits ein Renaissancegarten befunden hatte. Im Mittelpunkt des Gartens steht ein Brunnen. Ein Pavillon, der um 1757 vermutlich nach Plänen von Michael Küchel erbaut wurde, lädt heute zum Verweilen bei Kaffee und Kuchen ein.

Die Zahl der Rosen stieg im Laufe der Jahrhunderte stetig an. Waren es 500 Rosenstöcke zur Zeit von Herzog Wilhelm in Bayern (1752–1837), ist für den Beginn des 20. Jahrhunderts »von über 3.000 Rosenstämmen in circa 500 ausgesucht schönen Sorten« die Rede. Heute wachsen nach Auskunft der Bayerischen Schlösserverwaltung in den von niedrigen Buchshecken eingefassten Beeten rund 4.500 Rosen in 50 verschiedenen Sorten. Im Mittelpunkt des zentralen Wegekreuzes liegt ein Brunnenbecken, das von geschnittenen Linden umgeben ist. Auf der Nordseite fassen Linden den Garten ein, auf der Südseite, entlang der Hofmauer, stehen Hainbuchen, Linden und Ulmen.

Ein Denkmal mit deutscher und griechischer Inschrift erinnert an König Otto von Griechenland, der bis zu seinem Tod 1867 mit seiner Frau Amalie in der Residenz lebte.

Wer kein Rosenkavalier ist und mit Botanik wenig anfangen kann, für den lohnt sich trotzdem ein Abstecher. Denn von der Balustrade aus kann man einen einmaligen Ausblick über die Altstadt genießen. Was auswärtige Besucher wissen müssen: Der Garten ist Weihnachten, Silvester und Faschingsdienstag geschlossen.

92 Die Sakramentskapelle

Wo man zum Patron der G'schlamperten beten kann

Fromme Menschen, die sich im Dom auskennen, erkennt man daran, dass sie nicht nur – wie üblich – vor dem Altar niederknien, sondern auch vor der Gertrudenkapelle links von der Nagelkapelle. Hier wird nämlich seit der liturgischen Neuordnung 1974 das Allerheiligste aufbewahrt, also nach katholischem Glauben der Leib Christi in der Gestalt des Brotes. Das aus dem Bogen herabhängende Ewige Licht weist auf den heiligsten Ort der Kirche hin. Deshalb wird die ursprünglich der heiligen Gertrud von Nivelles gewidmete und beim Neubau des Ekbert-Doms entstandene Kapelle auch Sakramentskapelle genannt. Der Tabernakel, in dem sich die geweihten Hostien befinden, wurde für den Katholikentag 1966 angefertigt.

Der fast zwei Meter hohe Sakramentsaltar, den ein unbekannter Künstler um 1515/20 geschaffen hat, zeigt in einem marmorierten Rahmen 50 weiße und fünf rote Rosen, die den Rosenkranz symbolisieren. Im Zentrum ist der gekreuzigte Christus zu sehen, darüber der Heilige Geist in der Gestalt der Taube und Gottvater von einem Wolkenkranz umgeben. Zur Rechten Gottes kniet Maria, auf der anderen Seite singt ein Engelschor. Weiterhin sind zahlreiche Personen aus der Heiligen Schrift dargestellt sowie Papst und Kaiser.

Neben dem Altar erinnert ein Gedenkstein an den hier beigesetzten Adam Senger, der als Domprediger, Generalvikar und Weihbischof in den ersten Jahrzehnten des 20. Jahrhunderts die Geschicke des Erzbistums mitprägte und zahlreiche Restaurierungsmaßnahmen im Dom verantwortete.

Im 17. Jahrhundert wurde die Kapelle als Sakristei genutzt. Seit 1808 steht hier eine aus der Franziskanerkirche stammende Figur des heiligen Antonius, der als Patron der G'schlamperten gilt. Wer etwas verloren hat und zu Antonius betet, der kann auf eine Eingebung hoffen, wo er das Verlorene wiederfindet. Wegen der Antoniusfigur ist hier auch von der Antoniuskapelle die Rede.

ATER ET
DNS ECKENBERTVS MARCHIO DE ANDECHS

93 Die Sakristei

Der Backstage-Bereich des Doms

Eine Sakristei gehört zum Gotteshaus wie das Amen in die Kirche. Eine wichtige Kirche wie der Dom hatte in ihrer jahrhundertelangen Geschichte gleich mehrere, nämlich bis zu vier Sakristeien an verschiedenen Stellen – insbesondere, da zuweilen die Notwendigkeit bestand, für die Dompfarrei und das Domkapitel verschiedene Sakristeien einzurichten. Der Ort, wo sich heute die Geistlichkeit vor und nach dem Gottesdienst umzieht, entstand 1683/84 und wurde »Neue Sakristei« genannt. Seit dem 19. Jahrhundert ist sie die einzige. Es handelt sich um einen Anbau mit Satteldach, der an die Nagelkapelle angrenzt. 1972 wurden noch einige Nebenräume mit Sanitäranlagen, Brotzeitraum für die Mesner und so profanen Dingen wie einer Waschmaschine ergänzt.

Im Mittelpunkt des Sakristeiraumes steht ein großer Ankleidetisch, auf dem der Mesner für den Zelebranten die Messgewänder bereitlegt. Die gesamte Seitenwand wird ausgefüllt von einer Ankleidekommode, in der jeder Domherr sein eigenes, namentlich gekennzeichnetes, abschließbares Fach hat. An der Nordwand sieht man das gemalte Wappen Marquard Sebastian Schenk von Stauffenbergs, der 1683 bis 1693 Fürstbischof war.

Monitore zeigen die Bilder der Überwachungskameras und machen deutlich, dass hinter den alten Gemäuern moderne Technik installiert ist. Im Gegensatz dazu wird die Uhrzeit immer noch von einer großen Pendeluhr aus dem Jahr 1765 angezeigt, die zur vollen und halben Stunde den pünktlichen Beginn des Gottesdienstes anmahnt. Ein ebenso altertümliches Relikt, das an vergangene Zeiten erinnert, ist ein unter dem Fenster der Nagelkapelle eingemauertes marmornes Lavabobecken, über dem ein Wasserbehälter aus Zinn montiert ist.

An der Tür zur Sakristei befindet sich der ernst gemeinte Hinweis »Zutritt nur für Berechtigte«. Manchmal steht die Tür auch offen, sodass man im Vorbeigehen einen raschen Blick hineinwerfen kann.

94 Schneewittchens Grabstein

Märchenhaftes Ausstellungsstück im Kreuzgang

Dass sich im Diözesamuseum neben vielen historisch bedeutsamen Kostbarkeiten auch Schneewittchens Grabstein befindet, ist kein Märchen. Vorausgesetzt, die historische Person der Maria Sophia von Erthal, die im 18. Jahrhundert gelebt hat, war tatsächlich das Vorbild für die Figur der Brüder Grimm, die nur 50 Kilometer entfernt von Sophias Geburtsort lebten. Tatsächlich gibt es Parallelen zwischen dem Leben der in Lohr am Main geborenen Frau und dem Märchen. Da wäre zum einen die Familienkonstellation: Sophias Vater heiratete nach dem Tod seiner ersten Frau erneut. Seine zweite Gemahlin soll herrschsüchtig und ungerecht gegenüber der Stieftochter gewesen sein. Die Stadt Lohr war zudem weltbekannt für die Herstellung von Spiegeln und Gläsern. Im Spessartmuseum ist noch heute ein Spiegel mit der Inschrift »Amour Propre« (Selbstliebe) ausgestellt. War dies das »Spieglein an der Wand«, das die Frage nach der Schönsten im ganzen Land beantwortete? Und was ist mit den sieben Zwergen? In einem angrenzenden Bezirk um Lohr gab es Bergwerke, wo Kinder oder bucklige Kleinwüchsige in die Stollen hinabsteigen mussten. Um zu diesen Bergwerken zu kommen, müssen nach Angaben der Stadt Lohr tatsächlich sieben Hügel überquert werden.

Maria Sophia von Erthal, deren Bruder Fürstbischof von Bamberg und Würzburg war, starb 1796 an ihrem 71. Geburtstag im Institut der Englischen Fräulein in Bamberg. Beerdigt wurde sie auf dem Friedhof der alten Martinskirche am heutigen Maxplatz. Nach dem Abriss der Kirche Anfang des 19. Jahrhunderts wurde der Grabstein ins Allgemeine Krankenhaus am Regnitzufer gebracht. Als aus dem Krankenhaus in den 1980er Jahren ein Hotel wurde, verlor sich die Spur des Steins. Bis er vor wenigen Jahren wieder in Privatbesitz auftauchte und dem Diözesanmuseum übergeben wurde.

GEWEIHT DER ASCHE
DER REICHS FREY HOCHWOHLGEBOHRNEN
FRÄULEIN MARIA SOPHIA CATHARINA
MARGARETHA FREYIN VON ERTHAL.
SIE WARD GEBOHREN MDCCXXV DEN 10. JUL.
EIN GUTER SPRÖSSLING ERHABENER AHNEN,
IN DER FOLGE ZWEYER FÜRSTEN SCHWESTER:
SIE LEBTE IM KAMPF DES GLÜCKS MIT DEM LEIDEN,
DIE GEPRÜFTE FREUNDINN DER TUGEND:
SIE STARB SELBST DURCH DEN KAMPF GESTÄRKT
MDCCXCVI AM TAGE IHRER GEBURT,
DIE EDLE HELDINN DES CHRISTENTHUMS:
HIER RUHET SIE NACH DEM SIEGE DES GLAUBENS
REIF ZUR VERKLÄRTEN AUFERSTEHUNG

95 Der Segerer

Das »Fort Knox« des Domkapitels

Der sogenannte Segerer, ein Anbau im Winkel zwischen dem Nordwestturm und dem nördlichen Querhaus, war vor der Einrichtung des Diözesanmuseums die Schatzkammer des Doms. Ein Vitrinenschrank aus dem 18. Jahrhundert lässt noch die Zeiten erahnen, als dort hochgestellten Besuchern gegen einen kleinen oder großen Obolus die Schätze des Domstifts gezeigt wurden. Zusammen mit der »Großen Sakristei«, die einstmals mit einer doppelten Tür vom Westchor her geschützt war, dienten die Räumlichkeiten zur sicheren, aber auch griffbereiten Aufbewahrung der Reliquien und wertvollen Gefäße für den Gottesdienst.

Den Menschen des Mittelalters erschienen andere Dinge wichtig und wertvoll als in unserer Zeit: Überbleibsel von Heiligen (Reliquien) galten als heilwirksam, denn der Idee nach war jeder Aufbewahrungsort eines kleinen Knochenteils ein Teil des Heiligengrabes, und man glaubte, dass der Heilige seine Ruhestätte vom Himmel her beschützen und mit Segen erfüllen werde. Je mehr und je gewichtigere Reliquien eine Kirche vorweisen konnte (etwa gar ein Stück vom Kreuz Christi oder wie in Bamberg einen der Nägel, mit denen Jesus ans Kreuz geschlagen worden war), desto bedeutender war sie.

Es ging in einer solchen Schatzkammer also nicht um finanzielle Fragen, sondern um Fragen des Seelenheils. Für diesen Schatz war nur die beste Verpackung gut genug – deswegen wurden die Reliquiare aus Edelmetall gefertigt und mit Juwelen besetzt. Als bei der Säkularisation die staatlichen Kommissare das Edelmetall beschlagnahmten und einschmelzen ließen, blieben die eigentlichen Reliquien im Dom zurück. So gesehen wurde damals nur die »Verpackung« geraubt und zum Teil nach München geschafft – der eigentliche Schatz ist noch immer hier, der Schatz des Glaubens, der von Motte und Wurm nicht zerstört und von Dieben nicht gestohlen werden kann, wie schon Jesus in der Bergpredigt sagte (Mt 6,20).

96 Die Sonnenuhr

Beim nächsten Sonnenstrahl ist es acht Uhr

An vielen alten Bamberger Gebäuden findet man noch Sonnenuhren, die an Zeiten erinnern, als noch nicht jeder ein Handy mit der aktuellen Uhrzeit in der Tasche hatte. Dass es auch am Dom neben den bekannten Turmuhren eine Sonnenuhr gibt, weiß nicht jeder. Man kann sie nur sehen, wenn man im Kreuzgarten oder im Kreuzgang des Diözesanmuseums steht, von wo aus man freien Blick auf die Südwand des Langhauses des Doms hat. An der Stelle des zugemauerten vierten Fensters kann man anhand des Schattens, den ein aus einem Flammenkreis herausragender Stab wirft, die Zeit ablesen, sofern die Uhren nicht gerade auf Sommerzeit umgestellt sind. Die Stunden werden nicht durch Striche, sondern durch römische Ziffern dargestellt. Die 2009 rekonstruierte Sonnenuhr dürfte mit jener identisch sein, die Mitte des 16. Jahrhunderts aufgemalt wurde. Die eingeritzte Jahreszahl 1557 weist auf die ursprüngliche Darstellung hin.

Auch in der Zeit, als es schon mechanische Turmuhren gab, verlor die Sonnenuhr nicht ihre Daseinsberechtigung. Noch im 18. Jahrhundert wurden die Kirchturmuhren oder auch die Taschenuhren nach der Sonne gestellt.

Die wohl älteste Sonnenuhr der Stadt befindet sich an der Südwand des Turmes der Oberen Pfarre. Sie stammt vermutlich aus dem Ende des 14. Jahrhunderts. Die Sonnenuhr an der Jakobskirche wurde im 16. Jahrhundert gefertigt. Und auch am Pausenhof der Domschule befindet sich eine Sonnenuhr, die – zumindest wenn man einem Aufsatz aus dem Jahr 1929 glaubt – eine Viertelstunde vorgeht. Welche Auswirkungen dies auf den Stundenplan und den Unterricht hatte, ist nicht überliefert.

Dass sich auf vielen Kirchtürmen wie auch am Dom Sonnenuhren befinden, macht deutlich, wie sehr sich das kirchliche Leben nach dem Kreislauf von Tagen, Wochen und Jahren richtet. So lange, bis im ewigen Leben die Zeit nicht mehr existiert.

97 Die Stauffenberg-Gedenktafel

Weshalb im Dom an den Hitlerattentäter erinnert wird

An relativ unscheinbarer Stelle erinnert an der Ostwand des nördlichen Querhauses eine Gedenktafel aus der Nachkriegszeit an die »Kameraden vom Reiter-Regiment 17, die für Deutschland unser Vaterland, ihr Leben ließen«. Darunter wurde in den 80er Jahren eine Bronzetafel angebracht mit der Aufschrift: »Im Widerstand gegen Unrecht und Diktatur starben Claus Schenk Graf von Stauffenberg 15.11.1907–20.7.1944 / Ludwig Freiherr von Leonrod 17.9.1906–26.8.1944/Rudolf Graf von Marogna-Redwitz 15.10.1886–12.10.1944 / Roland von Hösslin 21.2.1915–13.10.1944 / Karl Freiherr von Thüngen 26.6.1893–24.10.1944.«

Schon die Familiennamen der Genannten machen deutlich, dass es sich um Adelsgeschlechter handelt, die schon seit Jahrhunderten in den Domkapiteln der fränkischen Diözesen vertreten waren – Marquard Sebastian Schenk von Stauffenberg hatte im 17. Jahrhundert als Bamberger Fürstbischof das Sommerschloss Seehof erbauen lassen. Claus Schenk von Stauffenberg war wie seine Mitverschwörer in Bamberg beim Reiterregiment 17 stationiert und heiratete am 26. September 1933 in der Jakobskirche unweit des Doms Nina von Lerchenfeld.

Nur wenige wissen, dass Graf Stauffenberg am Abend vor dem Attentat in Berlin-Dahlem eine katholische Kirche zum Gebet aufsuchte. Als der Hingerichtete verbrannt werden sollte, stellte man fest, dass er ein goldenes Kreuzchen am Hals trug, ein Geschenk seiner Frau. Gräfin Nina gehörte der evangelischen Kirche an, erzog aber die Kinder im katholischen Glauben des Vaters. Als die Familie verhaftet wurde, ließ sie die Kinder nochmals in die Kirche bringen, damit sie vom Pfarrer gesegnet würden. In der Haft versprach sie eine Wallfahrt nach Vierzehnheiligen. Nach dem Krieg lebte die Witwe des Hitlerattentäters bis zu ihrem Tod noch lange Jahre in Bamberg.

1939
1945
IM WIDERSTAND GEGEN
UNRECHT UND DIKTATUR STARBEN
CLAUS SCHENK GRAF VON STAUFFENBERG
15.11.1907 – 20.7.1944
LUDWIG FREIHERR VON LEONROD
17.9.1906 – 26.8.1944
RUDOLF GRAF VON MAROGNA-REDWITZ
15.10.1886 – 12.10.1944
ROLAND VON HÖSSLIN
21.2.1915 – 13.10.1944
KARL FREIHERR VON THÜNGEN
26.6.1893 – 24.10.1944

98 Der Sternenmantel

Ein Geschenk, das bis heute Rätsel aufgibt

Seit dem Jahr 1020 befindet sich im Domschatz eine der wertvollsten Kostbarkeiten mittelalterlicher Textilkunst. 35 achtzackige Goldsterne zieren einen blauen Mantel, der Inschriften, Medaillons und Tierkreiszeichen des antiken Kosmos zeigt und auf Christus als Weltenherrscher ausgerichtet ist. Der apulische Fürst Meles »Ismael« von Bari, der in Süditalien den Aufstand gegen die Byzantiner anführte und 1018 vernichtend geschlagen wurde, wollte Kaiser Heinrich um Hilfe bitten und begleitete dazu Papst Benedikt VIII. nach Bamberg. Die drei Männer trafen am Osterfest des Jahres 1020 zusammen. Als Gastgeschenk, um den Kaiser gütig zu stimmen, soll Ismael den Sternenmantel überreicht haben.

Heinrich soll den Mantel aber nie getragen, sondern dem Dom gestiftet haben. Über seine Funktion und Nutzung im Spätmittelalter ist wenig bekannt. Als »Berührungsreliquie« des heiligen Kaisers wurde er bei den Heiltumsweisungen verehrt. Nach einer letzten Erwähnung im Jahr 1503 schweigen die Quellen 200 Jahre lang. Klar ist jedoch, dass der Sternenmantel heute nicht mehr so aussieht wie vor 1.000 Jahren. Die rund 900 Zeichen wurden bei der Neugestaltung wie ein Setzkasten verwendet und neu zusammengefügt. Wenn Buchstaben fehlten, ging man kreativ mit dem Material um und bastelte aus Teilen vorhandener Buchstaben einfach neue. Rätsel gibt die sogenannte Auftraggeber-Inschrift »PAX ISMAHELI« auf. »Pax« deutet darauf hin, dass der Auftraggeber verstorben war. Doch Ismael soll den Mantel ja persönlich übergeben haben. Fest steht jedenfalls, dass Ismael wenige Tage später, am 23. April, überraschend starb und im Bereich der heutigen Nagelkapelle bestattet wurde. Die dortigen Gräber wurden später aufgelöst und die sterblichen Überreste im Innenhof des Kreuzgangs (im Erdgeschoss des Museums) begraben. Somit ist die letzte Ruhestätte Ismaels heute nur wenige Meter vom Ausstellungsort seines Mantels im Obergeschoss entfernt.

SCA MARIA
PISCES
POSITUS
CEPHEUS
CIRCVLV
DIVI

99 Die Sukzessionsliste

Es sind noch Plätze frei

Erst vor wenigen Jahren hat das Domkapitel in drei Bogenfeldern der nördlichen Westchorschranken Steintafeln anbringen lassen, auf denen die Bischöfe von Bamberg seit der Bistumsgründung im Jahr 1007 aufgelistet sind. Die ersten beiden Tafeln verzeichnen die 62 Bischöfe, die dem Bistum während des Alten Reiches bis zur Säkularisation vorstanden, und die dritte Tafel die bisher 13 Erzbischöfe, die seit der Erhebung Bambergs zum Erzbistum im Jahr 1821 amtierten.

Der Sinn dieser Namenslisten besteht weniger in der Absicht historischer Information als vielmehr in der Versinnbildlichung der tausendjährigen Tradition der Kirche von Bamberg, die aus diesem Grund symbolisch »in Stein gemeißelt« wurde. Die Tradition spielt im Selbstverständnis der katholischen Kirche bekanntlich eine wesentliche Rolle. Theologisch ausgedrückt wird dies in der Idee der sogenannten »Apostolischen Sukzession«, das heißt in der Vorstellung, dass der Glaube beginnend mit den Aposteln durch die Amtsübertragung auf die jeweiligen Nachfolger von Bischofsgeneration zu Bischofsgeneration unverfälscht weitergegeben wurde. Auf diese Weise wird der Zusammenhang der derzeitigen Kirche mit dem biblischen Ursprung verdeutlicht.

Natürlich haben die Bischöfe, die meistens durch den Tod aus dem Amt geschieden sind, in der Regel nicht selbst ihren Nachfolger geweiht, aber tatsächlich lässt sich die Sukzession der weihenden katholischen Bischöfe häufig lange Jahrhunderte zurückverfolgen. Auf der anderen Seite ist in der Geschichte nicht immer alles so klar schwarz und weiß wie in der Theorie – man kann das an den Amtszeiten der Liste erkennen, die sich manchmal überlappen oder auch kurze Lücken aufweisen: So kam es beispielsweise manchmal zu Doppelwahlen. Jedenfalls sind auf der dritten Tafel noch etliche Plätze frei für diejenigen, welche der Kirche von Bamberg in Zukunft vorstehen werden.

BISCHÖFE VON BAMBERG
FRIEDRICH II. VON TRUHENDINGEN 1363 – 1366
LUDWIG VON MEISSEN 1366 – 1374
LAMPRECHT VON BRUNN 1374 – 1399
ALBRECHT VON WERTHEIM 1398 – 1421
FRIEDRICH III. VON AUFSESS 1421 – 1431
ANTON VON ROTENHAN 1431 – 1459
GEORG I. VON SCHAUMBERG 1459 – 1475
PHILIPP VON HENNEBERG 1475 – 1487
HEINRICH III. GROSS VON TROCKAU 1487 – 1501
VEIT I. TRUCHSESS VON POMMERSFELDEN 1501 – 1503
GEORG II. MARSCHALK VON EBNETH 1503 – 1505
GEORG III. SCHENK VON LIMPURG 1505 – 1522
WEIGAND VON REDWITZ 1522 – 1556
GEORG IV. FUCHS VON RÜGHEIM 1556 – 1561
VEIT II. VON WÜRTZBURG 1561 – 1577
JOHANN GEORG I. ZOBEL VON GIEBELSTADT 1577 – 1580
MARTIN VON EYB 1580 – 1583
ERNST VON MENGERSDORF 1583 – 1591
NEITHARD VON THÜNGEN 1591 – 1598
JOHANN PHILIPP VON GEBSATTEL 1599 – 1609
JOHANN GOTTFRIED VON ASCHHAUSEN 1609 – 1622
JOHANN GEORG II. FUCHS VON DORNHEIM 1623 – 1633
FRANZ VON HATZFELD 1633 – 1642
MELCHIOR OTTO VOIT VON SALZBURG 1642 – 1653
PHILIPP VALENTIN VOIT VON RIENECK 1653 – 1672
PETER PHILIPP VON DERNBACH 1672 – 1683
MARQUARD SEBASTIAN SCHENK VON STAUFFENBERG 1683 – 1693
LOTHAR FRANZ VON SCHÖNBORN 1693 – 1729
FRIEDRICH KARL VON SCHÖNBORN 1729 – 1746
JOHANN PHILIPP ANTON VON FRANCKENSTEIN 1746 – 1753
FRANZ KONRAD VON STADION UND THANNHAUSEN 1753 – 1757
ADAM FRIEDRICH VON SEINSHEIM 1757 – 1779
FRANZ LUDWIG VON ERTHAL 1779 – 1795
CHRISTOPH FRANZ VON BUSECK 1795 – 1805
GEORG KARL VON FECHENBACH 1805 – 1808

100_ Synagoga und Ecclesia

Juden und Christen sind Brüder und Schwestern

Eine jüdische Figur in einer katholischen Kirche? Wenn wir von der Synagoga im Dom sprechen, meinen wir kein jüdisches Gotteshaus, sondern die bildliche Darstellung einer Frauengestalt, die das Judentum repräsentiert. Im und am Dom finden wir die Frau mit dem eng anliegenden Gewand, den verbundenen Augen und dem zerbrochenen Stab gleich zweimal: Das Original, entstanden um das Jahr 1230, steht heute im Dom auf einem Pfeiler der südlichen Chorschranke. Ursprünglich gehört sie zusammen mit Ecclesia zum mittelalterlichen Bildprogramm des Fürstenportals. Dort stehen seit 2002 Kopien.

Die Figuren sorgen für Diskussionen, handelt es sich doch bei der Synagoga um eine Darstellung, die auf den ersten Blick das Judentum herabwürdigt. Denn die Synagoga mit ihrer Augenbinde, dem gebrochenen Stab und den fallenden Tafeln der Zehn Gebote ist der Figur der siegreichen Ecclesia gegenübergestellt, die für das Christentum und somit die Kirche steht. Aus der Sicht des Mittelalters galten die Juden als von Gott verworfen, weil sie Christus nicht als Gottes Sohn (an)erkannt hatten. Beide Skulpturen gehören – kunsthistorisch gesehen – zu den herausragendsten Steinmetzarbeiten der Gotik. Sie folgen der mittelalterlichen Auslegung, dass Gott die Christen zu seinem auserwählten Volk gemacht hat. Diese Theologie hat heute keine Gültigkeit mehr.

Überall, wo sich judenfeindliche Kunst oder gar Schmähfiguren an oder in Kirchen befinden, stellt sich die Frage nach dem Umgang. In Bamberg wurde entschieden, die Synagoga an ihrem Platz zu belassen und ihren Zusammenhang im Programm des Fürstenportals zu erläutern. Sie soll Geschichte erklären und für Toleranz werben: Juden und Christen sind Brüder und Schwestern! Sie mahnt die Menschen, andere nicht wegen ihrer Religion, Kultur oder Abstammung abzulehnen und verschiedene Weltanschauungen als gegenseitige Bereicherung anzusehen.

101 Der Taufbrunnen

Hier wird der Durst der Seele gestillt

Einen Ziehbrunnen findet man in einer Kathedrale nur selten. An der tiefsten Stelle des Doms, in der Ostkrypta, befand sich schon zur Zeit des Heinrichsdoms vor 1.000 Jahren auf dessen Mittelachse ein Brunnen. Möglicherweise diente er bereits zur Wasserversorgung der Burg, die vor der Bistumsgründung an dieser Stelle stand. Acht Meter tief reicht der Schacht, aus dem klares, kaltes Wasser gezogen werden kann. Geologisch handelt es sich bei den wasserführenden Schichten um Ausläufer des Steigerwalds. Die oberirdisch sichtbaren Teile des Brunnens stammen aus dem 19. Jahrhundert, die mit einer Kette verbundenen Schöpfeimer wurden 1731 von einem Bamberger Kupferschmied geschaffen.

Sinnvollerweise finden an diesem Brunnen die Tauffeiern der Dompfarrei statt, da im Kirchenrecht der Ort der Taufe ohnehin als »Taufbrunnen« bezeichnet wird. Deswegen ist auch die Osterkerze der Kathedrale außerhalb der Osterzeit neben dem Brunnen aufgestellt. Während der Feier schöpft der Dommesner, nach Möglichkeit unterstützt von mitfeiernden Kindern, frisches Grundwasser aus dem Brunnen und wärmt es mit einem Tauchsieder an, bevor es vom Priester gesegnet und für die Taufe verwendet wird. Dadurch wird das »Schöpfen aus den Quellen des Heiles«, wie es in der Bibel beim Propheten Jesaja (Vers 12,3) beschrieben wird, für alle Beteiligten augenfällig erlebbar. Da durch die Taufe das Fundament für ein christliches Leben in der Gemeinschaft der Kirche gelegt wird, spricht auch der Ort des Taufbrunnens in der Krypta, sozusagen im Fundament der Domkirche, für sich.

Dazu passen die Eingangsverse aus dem 42. Psalm: »Wie der Hirsch lechzt nach frischem Wasser, so lechzt meine Seele nach dir, Gott. Meine Seele dürstet nach Gott, nach dem lebendigen Gott.« Diese Zeilen sind oberhalb der Ostkrypta auf dem Fresko des Ostchorscheitels zu Füßen Christi in Szene gesetzt.

2022
CONRADVS DVX SILESIE EPISCOPVS XIV. OBIIT

102 Die Teufelsfratze

Was der Bischof im Gewölbe sehen kann

Wer im Westchor steht und ins Gewölbe schaut, entdeckt etwas, was er in einem Gotteshaus nicht erwartet: eine gemalte Teufelsfratze mit Horn auf der Stirn und einer heraushängenden Zunge. Genau genommen sieht derjenige das frevelhafte Bildnis am besten, der auf dem Bischofsstuhl sitzt. Für alle anderen ist der gemalte Satan fast verborgen. Was hat es auf sich mit dieser ungewöhnlichen Darstellung?

Die Sage erzählt, dass einst ein Oberhirte die bischöflichen Maler eher knauserig und zu spät bezahlte. Eine Handwerkergewerkschaft oder ein Arbeitsgericht, wo die betrogenen Arbeiter auf gerechte Bezahlung hätten klagen können, gab es nicht. Und so bestand die ernsthafte Gefahr, der geizige Bischof könnte sich erfolgreich darum drücken, seine Schulden zu begleichen. Ein Maler wusste sich nicht anders zu helfen, kletterte auf das Gerüst und pinselte an die Stelle, die dem Bischof ins Auge fallen musste, das spottende Teufelsgesicht, um sofort danach das Gerüst wieder abbauen zu lassen.

Als am nächsten Sonntag das Hochamt gefeiert wurde und der Bischof auf seiner Kathedra Platz nahm, den Kopf zur Seite neigte und den Blick gen Himmel richtete, muss ihn der Schlag getroffen haben. Ob er an eine Vision aus den Tiefen der Hölle glaubte oder sofort erkannte, wer ihm diesen Streich gespielt hatte, ist nicht überliefert. Doch die Maler bekamen schon am nächsten Tag ihren gerechten Lohn ausgezahlt. So weit die Legende, die aber nicht ganz stimmen kann, weil die Kathedra früher im Ostchor stand. Entfernt wurde das Bildnis nie. Bis heute ermahnt es jeden Bischof, seine Mitarbeiter gut zu bezahlen, auch wenn es dafür längst ein ausgeklügeltes Tarifsystem und eine Mitarbeitervertretung gibt. Die Herren der Dombauhütte, die allerdings vom Staat entlohnt werden, sorgen dafür, dass die Teufelsfratze erhalten bleibt.

Es gibt übrigens noch weitere Teufel am Dom, man findet sie am Fürstenportal.

103 Die Tunika der Heiligen

Geburtshilfe im Dom

Wie alle Bamberger Mittelalter-Gewänder hat auch die sogenannte Tunika der heiligen Kunigunde ihre Geschichte. Nur die mit Goldstickerei versehenen, breiten Gewandbesätze aus roter Seide stammen noch aus dem 11. Jahrhundert. Ursprünglich waren sie mit kleinen Flussperlen verziert, die jedoch bei der Säkularisation regelrecht abrasiert wurden und nur noch in kümmerlichen Resten übrig geblieben sind. Das weiße Trägergewand in der Form eines Herrschermantels wurde erst bei einer Restaurierung im 20. Jahrhundert daruntergesetzt, das Ursprungsgewand galt als Kunigundenrock. Sehr wahrscheinlich war der »Rock« eigentlich ein Männergewand gewesen, vermutlich also Eigentum des Kaisers, bevor er im 14. Jahrhundert der Kaiserin zugesprochen und verehrt wurde.

Da man die Tunika für eine Berührungsreliquie der heiligen Kunigunde hielt, entwickelte sich im Spätmittelalter der Brauch, dieses Gewand schwangeren Frauen aufzulegen, um eine glückliche Geburt zu erflehen – obwohl Kunigunde selbst nie ein Kind geboren hat. Diese Tradition ist bis zum Ende des 17. Jahrhunderts nachgewiesen, da die Ausleihe des Gewandes mit Spenden honoriert wurde, die sich in der Rechnung der Domkustorei nachvollziehen lassen.

Diese praktische Verwendung der Reliquie machte immer wieder eine Ausbesserung des Stoffes erforderlich. Im Gegensatz zu den Kaisermänteln wurde die Tunika nach der Säkularisation 1851 nicht nach Bamberg zurückgegeben, sondern kam erst 1923 im Leihtausch gegen das sogenannte Bamberger Antependium aus der Wittelsbacher Schatzkammer in die Domstadt zurück. In der »Apotheken-Umschau« konnte man lesen, dass die heute immer beliebteren Doulas, die Frauen bei der Geburt begleiten, keine Ausbildung als Geburtshelferin haben und daher die Arbeit eines Profis nicht ersetzen können. Insofern scheint sich der Fortschritt in der Geburtshilfe im letzten halben Jahrtausend in engen Grenzen zu halten.

104 Die Veitspforte

Einst eigene Tür des Oberhirten

Die Veitspforte an der Nordwand des Querhauses ist heute zumeist verschlossen und funktionslos geworden. Bis vor einigen Jahren betrat der Erzbischof durch diese Tür seine Kathedrale, da sie dem Bischofshaus am nächsten liegt. Ein Priesteramtskandidat musste ihn dort vor dem Hochamt mit einem Weihwasserkessel erwarten, damit er sich beim Eintritt in die Kirche segnen konnte. Ihren Namen hat die Pforte vom Veitsaltar im nördlichen Querhaus. Zwar gab es Pfarrer des Doms schon seit Anfang des 13. Jahrhunderts, diese waren jedoch Domherren ohne eigene Vikarie und daher ohne feste Bindung an einen eigenen Altar. Im Jahr 1328 ist erstmals urkundlich ein »Pfarrer zu Sent Veit« belegt. 1360 haben in Avignon 20 Bischöfe für die »Pfarrkirche des heiligen Veit innerhalb der Bamberger Kathedrale« einen Ablass gewährt. Die Pfarrangehörigen – weltliche Bewohner der Domburg – konnten also durch diese Pforte in den Dom gelangen, die praktischerweise genau gegenüber der Hofhaltung lag.

Der heutige Veitsaltar stammt aus dem Jahr 1639 und stand ursprünglich an der Ostwand des nördlichen Querhauses. 1651 ließ ihn Bischof Melchior Otto Voit von Salzburg abbauen und an die gegenüberliegende Westwand versetzen. Grund dafür war wohl die Symmetrie beim Blick auf den großen Marienaltar, der zur gleichen Zeit im südlichen Querhaus aufgestellt wurde.

1830 schien die Geschichte des Veitsaltars im Dom zunächst beendet. Er wurde an einen Bamberger Holzhändler verkauft. Das Altarbild, das die Geißelung Christi zeigt und wohl wertlos für den Holzhandel war, kaufte die Stadtpfarrei St. Martin in Forchheim, wo es bis 1895 im Chor hing. Von 1955 bis 1990 galt es als verschollen, bis es auf dem Dachboden des Pfarrhauses gefunden wurde und wenige Jahre später als Leihgabe ins Diözesanmuseum kam. Ebenso erinnert das Armreliquiar des heiligen Vitus aus dem Domschatz an die ehemalige Dompfarrei St. Veit.

105 Der Veit-Stoß-Altar

Apokryphe Marienlegenden im Weihnachtsaltar

Der 1520/23 vom berühmten Künstler Veit Stoß aus Lindenholz geschaffene Marien- oder Weihnachtsaltar war ursprünglich für die Nürnberger Karmelitenkirche gedacht. Das Kloster, wo der Sohn des Künstlers Andreas Stoß Prior war, hatte jedoch Finanznöte und konnte das vereinbarte Honorar nicht komplett bezahlen. Hinzu kam, dass sich Nürnberg ein Jahr später dem protestantischen Glauben anschloss und sämtliche Klöster im Stadtgebiet aufgelöst wurden. Andreas Stoß blieb dem alten Glauben treu und wurde der Stadt verwiesen. Er ging nach Bamberg, wo er Prior des Karmelitenklosters wurde, und nahm den Altar mit in die Obere Pfarre. 1937 gelangte der Altar als Dauerleihgabe in das südliche Querschiff des Doms. Einige Relieftafeln befinden sich im benachbarten Diözesanmmuseum.

Im Mittelpunkt der Darstellung ist die Geburt Jesu zu sehen, wobei das Christkind in der Barockzeit hinzugefügt wurde. Ursprünglich lag Jesus auf dem ausgebreiteten Mantel der Gottesmutter. Auf den Seitenflügeln sind die Flucht nach Ägypten, die Geburt Marias, die Anbetung durch die Könige und die Darbringung im Tempel zu sehen. Bemerkenswert ist, dass einige Darstellungen auf sogenannte Apokryphen – also von der Kirche offiziell nicht anerkannte Evangelien – mit Legenden über das Leben Marias, die Kindheit Jesu und die Zeit nach der Auferstehung zurückgehen. So beziehen sich zwei abgebildete Höhlen auf die apokryphe Erzählung, Maria habe Jesus in einer Höhle geboren, die sie nach drei Tagen verließ, um das Kind in eine Krippe zu legen.

Veit Stoß hat vorgeschrieben, dass der Altar nur an Weihnachten, Dreikönig, Ostern, Pfingsten, Christi Himmelfahrt, Fronleichnam, dem Dreifaltigkeitsfest, Allerheiligen und den Marienfesten geöffnet werden darf. Außerdem sollte er nur mit zwei Kerzen beleuchtet werden, um Verschmutzung durch Ruß zu vermeiden. Das alles wird heute nicht mehr so eng gesehen.

106 Das Verkündigungsrelief

Kann man durch die Augen schwanger werden?

An der Nordseite der Chorschranken ist auf einem Relief die Szene der Verkündigung an Maria dargestellt, wie sie im Lukasevangelium geschildert wird: Der Erzengel Gabriel überbringt dem Mädchen aus Nazareth die Botschaft, dass sie vom Heiligen Geist erfüllt werden und einen Sohn gebären wird. Das Kind, das sie Jesus nennen soll, wird »Sohn des Höchsten« genannt werden.

Häufig fliegt bei bildlichen Darstellungen dieser Szene die Taube, das Symbol des Heiligen Geistes, an das Ohr Marias, zum Zeichen dafür, dass sie die Botschaft des Himmels in sich aufgenommen hat – man könnte fast meinen, dass solche Bilder früher der Hintergrund für die Anfragen auf der Aufklärungsseite der »Bravo« bei Dr. Sommer gewesen sind, ob man über das Ohr schwanger werden könne … Ganz anders hier im Bamberger Dom: Der Geist in der Gestalt der Taube schwebt vom Himmel herab und trägt die Schriftrolle (die Botschaft Gottes) im Schnabel und hält sie der künftigen Mutter Jesu gemeinsam mit Gabriel vor Augen. Kann man etwa durch die Augen schwanger werden?

Vielleicht schon! So falsch ist der Gedanke des Bildhauers bei näherem Nachdenken nämlich nicht: Wir nehmen durch unsere Augen – sei es durch Bilder, die wir sehen, oder durch Schriften, die wir lesen – Informationen und Ideen auf, mit denen wir dann »schwanger gehen«, so wie es bei Maria heißt, »sie erwog die Worte in ihrem Herzen und dachte darüber nach«. Manchmal sind vielleicht sogar unwahrscheinliche Gedanken, die uns unvermittelt wie Eingebungen des Himmels überkommen, gerade die Botschaften, die uns im Leben weiterbringen. Sie wachsen und reifen in uns heran und enthalten sicher auch heute noch manchmal einen Auftrag Gottes an uns. Und dann bringen wir etwas Eigenes hervor, das sich aus diesem geistigen Input entwickelt hat, Ideen, die zur Tat geworden sind, Worte, die schließlich Hand und Fuß bekommen.

107_Das Wappen des Hexenbrenners

Erinnerung an eine dunkle Zeit

An im wahrsten Sinn des Wortes zentraler Stelle, aber doch so gut versteckt, dass kaum ein Besucher des Doms es bemerkt, befindet sich ein Hinweis auf den wohl umstrittensten der Bamberger Bischöfe: Hoch oben im Gewölbe der Vierung ist dessen Schlussring mit einem hölzernen Deckel gesichert, der das Wappen des Fürstbischofs Johann Georg Fuchs von Dornheim (1623–1633) zwischen denen des Dompropstes und des Domdekans zeigt. Damals wurde die frühbarocke Phase der Domumgestaltung abgeschlossen, wobei sich die Verantwortungsträger im Gewölbe verewigten. Die Entstehungszeit der verzierten Platte fällt damit in die schlimmste Phase der Bamberger Hexenprozesse, die bis heute mit dem Namen Fuchs von Dornheim verbunden ist.

Johann Georg, der im österreichischen Spital am Pyhrn begraben ist, sah sich selbst als Vorkämpfer der katholischen Sache im Streit mit innerweltlichen, aber auch mit übernatürlichen Gegnern der Kirche. Nach seinem Weltbild war es kein Wunder, dass die Frontlinie dieses Kampfes genau durch sein Hochstift verlief, und er sah sich als zuständiger Landesherr im Gewissen verpflichtet, mit aller Härte durchzugreifen. Begonnen hatte alles mit hungerbringenden Wetterkapriolen, für die sein Weihbischof vermeintliche Hexen verantwortlich machte, gegen die dann auch der Druck der Straße Maßnahmen des Staates einforderte. So kam es in der zweiten Hälfte der 20er Jahre des 17. Jahrhunderts (das Mittelalter war lange vorbei!) zu den schlimmsten staatlich organisierten Verfolgungen unschuldig Angeklagter, die erst durch den Einmarsch der Schweden im Dreißigjährigen Krieg ein Ende fanden. Selbst kaiserliche und päpstliche Interventionen hatten Dornheim nicht zur Vernunft bringen können. Insgesamt fielen dem Hexenwahn mehr als 1.000 Menschen zum Opfer.

108 Die Weihnachtskrippe

Wer findet das schwarze Schaf?

Bamberg ist Krippenstadt, und natürlich gibt es auch im Dom eine Krippe, die jedes Jahr kurz vor dem ersten Advent im nördlichen Seitenschiff vom Dompfarrmesner und ehrenamtlichen Helfern aufgestellt wird. Anfang der 70er Jahre wurden die mit Stoff bekleideten Holzfiguren geschaffen, die aus München, Bamberg und Südtirol stammen. Sie zeigen in bis zu elf verschiedenen Szenen bis zum Beginn der Fastenzeit das heilige Geschehen von der Verkündigung an Maria über die Herbergssuche, die Geburt Jesu im Stall, die Anbetung durch die Könige, die Flucht nach Ägypten bis zum zwölfjährigen Jesus im Tempel. Es lohnt sich deshalb, die verschiedenen Darstellungen immer wieder anzuschauen und Neues zu entdecken, zum Beispiel die vielen Details in der Stadt oder den großen Brunnen. Und wer genau hinschaut, wird in jeder Szene ein schwarzes Schaf finden, das wöchentlich neu versteckt wird.

Besonders schöne Weihnachtskrippen gibt es auch in der Nähe des Doms zu entdecken. Mit zwölf mal drei Metern ist die Krippe in der Oberen Pfarre die wohl größte der Stadt, in der auch immer auf das gesellschaftliche und politische Geschehen eingegangen wird. Während des Corona-Lockdowns trugen die 300 Jahre alten Figuren sogar Masken, und es gab eine Teststation. In den Jahren zuvor wurden die Friday-for-Future-Demos oder die Flüchtlingskrise dargestellt. Ein besonderer Kinderspaß ist es jedes Jahr, die versteckte graue Katze zu finden.

In der Maternkapelle finden seit 1930 Ausstellungen der Bamberger Krippenfreunde mit fränkischen und orientalischen Motiven statt. Als Krippenstadt hat Bamberg seit 2001 in der Oberen Sandstraße ein eigenes Krippenmuseum mit 300 Quadratmetern Ausstellungsfläche. Und ein Muss für Krippenfreunde ist die jährlich wechselnde Krippenausstellung im Diözesanmuseum. Der Bamberger Krippenweg führt über 35 Stationen zu den schönsten Krippen der Stadt.

109__Der Westchor

Wo die Königin von Saba neben dem Domkapitel sitzt

Wenn vom Chor im Bamberger Dom die Rede ist, dann geht es nicht unbedingt um die Dommusik. Der Chor in der Kathedrale ist der für die Priester reservierte, meist durch Stufen erhöhte Raum, in dem das Chorgebet stattfindet. Heute sind im Westchor, wo auch der Hauptaltar steht, die Sitzplätze des Domkapitels. Die zwölf Domkapitulare gestalten die Gottesdienste, wirken bei der Leitung und Verwaltung des Bistums mit. In der Praxis bedeutet das, dass ein Domkapitular entweder eine Hauptabteilung im Ordinariat leitet oder als Leitender Pfarrer in einer der großen Städte des Bistums tätig ist. Außerdem hat das Domkapitel eine wichtige Rolle bei der Ernennung eines neuen Erzbischofs, der selbst übrigens nicht zum Domkapitel gehört. In Bamberg nennt man das Domkapitel auch Metropolitankapitel, weil das Erzbistum die Metropole der Kirchenprovinz (Metropolie) ist.

Jeder Domkapitular hat im Chorgestühl, nach Dienstalter geordnet, seinen festen Sitzplatz. Und der ändert sich immer dann, wenn ein Domkapitular ausscheidet und ein neuer ernannt wird. Die hölzernen Sitze haben auch eine Art Erhöhung, die bei langem Stehen eine unauffällige Stütze des Rückgrats ermöglicht. Die Schöpfer des Gestühls hatten offenbar Erbarmen (lat. Misericordia) mit den Domherren, weshalb man die Stützbretter Misericordien nennt.

Das Chorgestühl aus Eichenholz mit 66 Plätzen entstand um 1390 und hat die baulichen Umgestaltungen im Laufe der Jahrhunderte weitgehend unverändert überstanden. Die hintere Rückwand der zwei Sitzreihen ist mit Darstellungen von Aposteln, Propheten und Kirchenvätern aufwendig verziert. Bemerkenswert ist die Figur des Samson an der Südseite, der den Löwen bändigt, indem er mit beiden Händen dem Tier ins Maul greift. Und ein echter Hingucker mit ihren langen Doppelzöpfen und schmalen Hüften ist die Königin von Saba, der gegenüber König David mit seiner Harfe steht.

110 Die Westtürme

Architektur à la mode

Betrachtet man den Bamberger Dom von außen, fallen sofort seine vier markanten Türme ins Auge. Allerdings unterscheiden sich die vorderen, dem Domplatz zugewandten Osttürme signifikant von ihren beiden Pendants im Westen. Während die östlichen Bauteile der Kathedrale Ende des 12. Jahrhunderts noch deutlich im romanischen Stil begonnen wurden, finden sich an der Westseite schon deutliche Hinweise auf die neue Stilform der Gotik, die sich im heutigen Zentralfrankreich bereits durchgesetzt hatte.

Überhaupt liegt die Bedeutung des Bamberger Doms unter anderem darin, dass er als eines der ersten Bauwerke auf dem Boden des heutigen Deutschlands genau an der Schwelle zwischen diesen beiden Epochen steht. Deutlich wird das unter anderem an den oberen Stockwerken der westlichen Türme, die frappant den Türmen der Kathedralkirche von Laon in Nordfrankreich ähneln, so als hätte der Baumeister den gleichen Plan verwendet: Die oberen drei Geschosse weisen jeweils einen oktogonalen Kern, versehen mit Ecktabernakeln, auf. Diese Türmchen an den Ecken sind über fünf Seiten eines Achtecks konstruiert und bestehen aus mit Spitzbögen versehenen Arkaden, die von Säulen getragen werden. Einer der Baldachine im Dominnern, nämlich derjenige der Maria der Verkündigung an den Ostchorschranken im nördlichen Seitenschiff, besitzt eine verblüffende Ähnlichkeit mit dieser Turmkonstruktion, fast so, als hätte der Baldachin als Modell für die Türme gedient.

Solche Ähnlichkeiten mit Bauformen, die sich in Frankreich finden, sind kein Zufall: Durch den europaweit vernetzten Orden der Zisterzienser kamen wohl die Modeströmungen aus dem Land der Kathedralen schon frühzeitig in unseren Raum, war doch das Kloster Ebrach, das sich nur wenige Kilometer westlich von Bamberg befindet, das erste Zisterzienserkloster östlich des Rheins auf deutschem Boden.

111 Der Zelebrationsaltar

Erinnerung an den Katholikentag in Bamberg 1966

Das Zweite Vatikanische Konzil (1962–1965) veränderte vieles in der katholischen Kirche. Am augenfälligsten für den Gottesdienstbesucher war die Neuerung, dass der Priester die Messe nicht mehr mit dem Rücken zum Volk am Hochaltar feierte, sondern am sogenannten Volksaltar den Gläubigen zugewandt. Der Altar sollte also neuerdings als Abendmahlstisch in der Mitte des Chorraums stehen. Somit wurde nach dem Konzil auch für den Dom eine liturgische Neugestaltung notwendig.

Während die Gottesdienste zuvor im Ostchor gefeiert wurden, fiel 1969 der Beschluss, den neuen Hauptaltar im Schnittpunkt von Lang- und Querschiff im Westchor zu errichten. Anders als bisher sollte er auch als gemeinsamer Altar für Domkapitel und Dompfarrei benutzt werden, sodass auf einen eigenen bischöflichen Altar verzichtet werden konnte. Den Wettbewerb für die Gestaltung gewann der Münchner Bildhauer Klaus Backmund. Sein Entwurf eines mit Bronzereliefs umkleideten Sandsteinblocks bekam 1973 den Zuschlag. Am 4. Mai 1975 wurde er feierlich eingeweiht.

Die vier Seitenwände zeigen Darstellungen aus dem Leben Jesu: die Geburt in Betlehem, die Taufe durch Johannes den Täufer, Christus am Ölberg, die Kreuzigung, die Auferstehung, die Begegnung mit den Jüngern in Emmaus sowie die Wiederkunft Christi. Im Altar befinden sich Reliquien der Märtyrer Clemens und Faustus sowie der Bistumsgründer Heinrich und Kunigunde. Die Rückseite, die der Gottesdienstbesucher nicht sehen kann, zeigt mittig das Wappen von Erzbischof Josef Schneider. Links davon steht das Motto des Eucharistischen Weltkongresses 1960 in München »Pro mundi vita« (Für das Leben der Welt), rechts das Motto des Katholikentags in Bamberg 1966 »In verbo tuo« (Auf dein Wort hin). Zwischen beiden Ereignissen fand das Konzil statt, an dem auch der Bamberger Bischof Schneider teilgenommen hat.

1

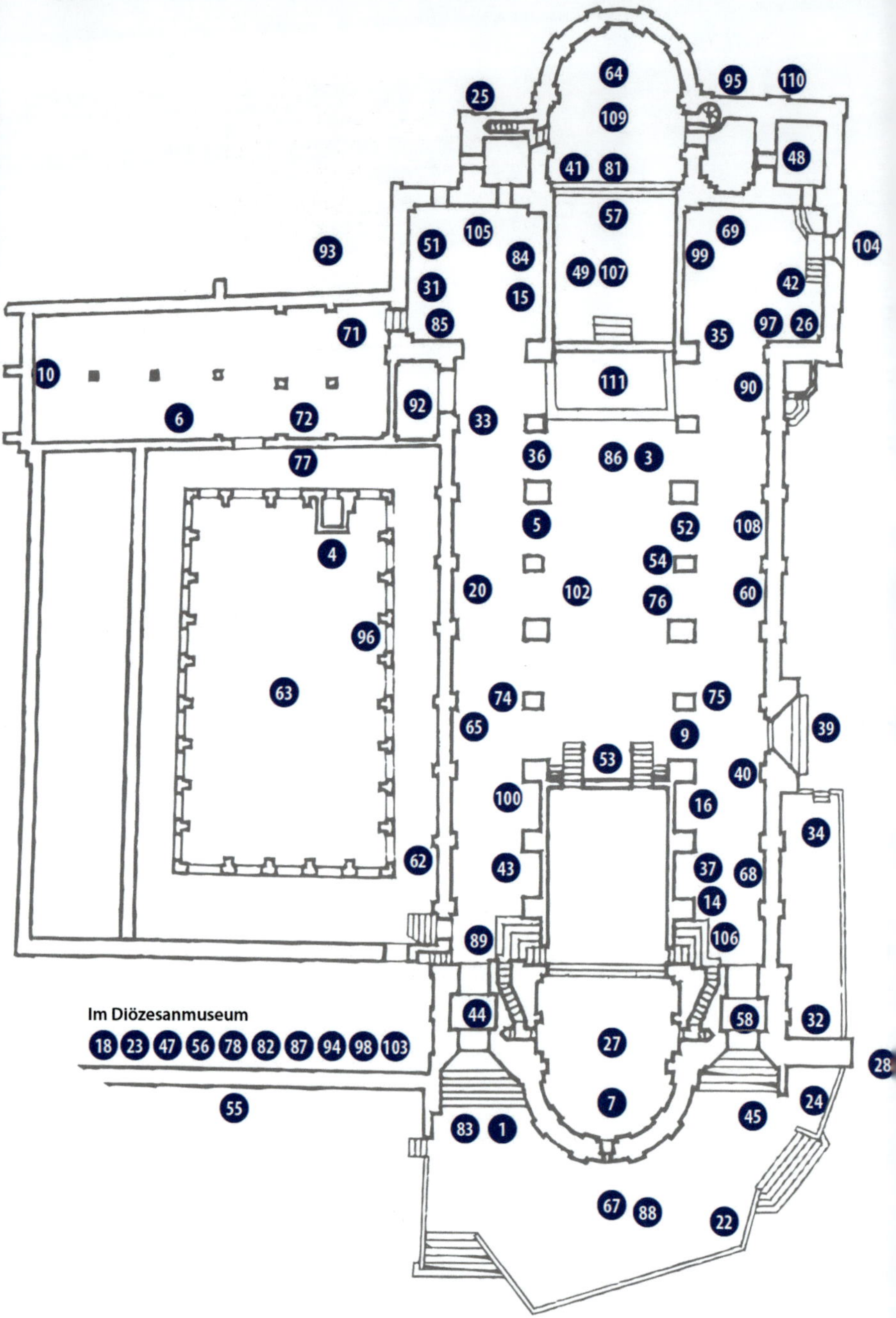

Untergeschoss (Kyrpta)

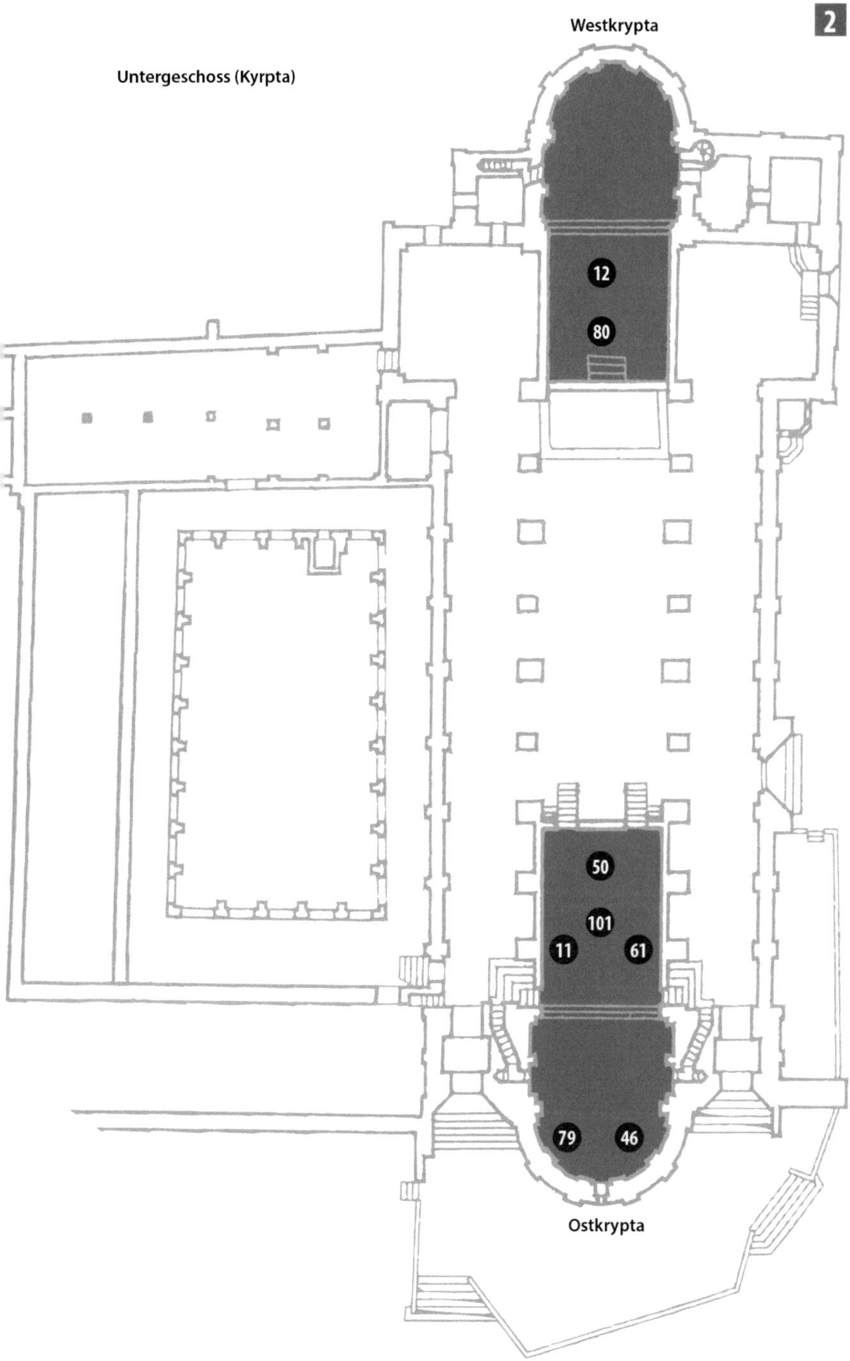

3

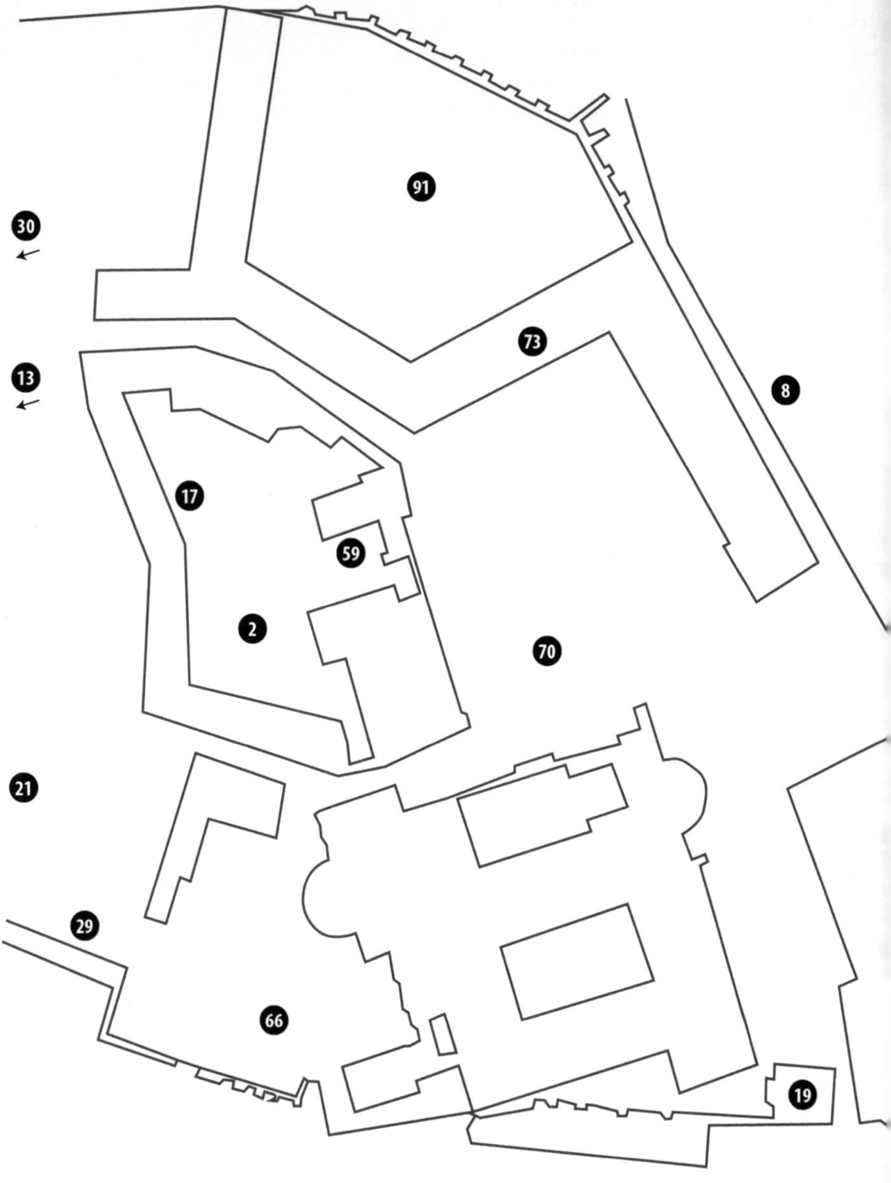

DOM
SCHATZ
KREUZ
GANG
› Führung
› 90 Minuten
› Mo – Sa
10.30 & 14.00 Uhr
So 14.00 Uhr
DoMus Besucherservice
www.bamberger-dom.de
www.dioezesanmuseum-bamberg.de
TICKETS
Montag bis Sonntag (außer Mittwoch)
Kasse Diözesanmuseum
Treffpunkt: Foyer Museum
Mittwochs direkt beim Guide
vor Beginn der Führung
Treffpunkt: vor der Adams-
pforte (linkes Domportal)
DIÖZESAN
MUSEUM
BAMBERG
— DOMBERG —
DOM ZU
BAMBERG

Verwendete Literatur

Baumgärtel-Fleischmann, Renate: Die Altäre des Bamberger Domes von 1012 bis zur Gegenwart, Bamberg 1987

Dies. (Hrsg.): Byzantinische und orientalische Seidenstoffe. Grabfunde aus der Sepultur der Bamberger Domherren, Bamberg 2001

Berichte des Historischen Vereins Bamberg, Bamberg 1834 ff.

Burandt, Walter: Die Baugeschichte der Alten Hofhaltung in Bamberg, Bamberg 1998

Conrad, Christine: Bamberger Gespenstergeschichten, Bamberg 2002

Domschule Bamberg: 125 Jahre Domschule Bamberg, Bamberg 2007

Dümler, Christian: Der Bamberger Kaiserdom, Bamberg 2011

Exner, Matthias: Die Kunstdenkmäler von Oberfranken. Stadt Bamberg. Domberg. 1. Das Domstift. Teil 1 u. 2, Bamberg 2015

Freise-Wonka, Christine: Der Bamberger Dom – Ein Jahrtausend in Stein, Bamberg 2011

Gatz, Erwin (Hrsg.): Die Bischöfe des Heiligen Römischen Reiches. Ein biographisches Lexikon. 3 Bände, Berlin 1990, 1996 u. 2001

Hölscher, Andreas / Jung, Norbert (Hrsg.): Die Erzbischöfe von Bamberg. Lebensbilder, Petersberg 2015

Jung, Norbert / Reddig, Wolfgang (Hrsg.): 1.000 Jahre Kaiserdom Bamberg – Dem Himmel entgegen, Petersberg 2012

Kriewitz, Jutta: Dom zu Bamberg. Bauforschung zur Nagelkapelle, Bamberg 2011

Lieberth, Hubertus u. a. (Hrsg.): 1806 – 2006 – Die Dompfarrei einst und heute, Bamberg 2006

Lohwasser, Nelo / Schreg, Rainer (Hrsg.): Kleine Funde, große Geschichten – Archäologische Funde aus dem Bamberger Dom, Bamberg 2021

Neundorfer, Bruno: Der Dom zu Bamberg – Mutterkirche des Erzbistums, Bamberg 1987

Schick, Ludwig: Was der Bamberger Dom uns sagen kann, Bamberg 2012

Urban, Josef: Das Bistum Bamberg in Geschichte und Gegenwart / 5 – Der Dom zu Bamberg, Kathedrale und Mutterkirche, Bamberg 2007

Sabine Becht, Sven Talaron

111 Orte in und um Bamberg, die man gesehen haben muss

ISBN 978-3-7408-1186-0

Nadine Luck

111 Orte für Kinder in und um Bamberg, die man gesehen haben muss

ISBN 978-3-7408-1075-7

Jo Seuß

111 Orte rund um Nürnberg, die man gesehen haben muss

ISBN 978-3-7408-1730-5

Leonhard F. Seidl

111 Orte in der Frankenhöhe, die man gesehen haben muss

ISBN 978-3-7408-1230-0

Martin Droschke

111 fränkische Biergärten, die man gesehen haben muss

ISBN 978-3-7408-1956-9

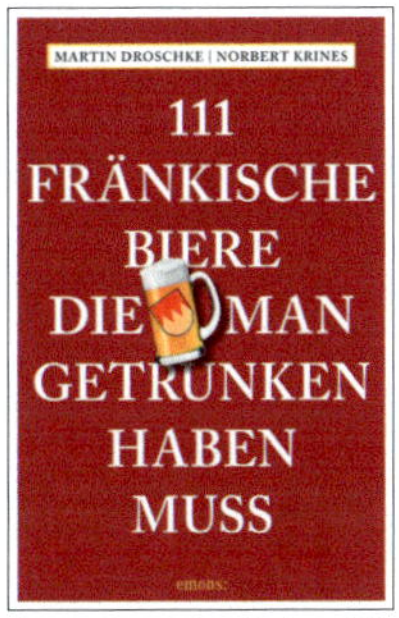

Martin Droschke, Norbert Krines

111 Fränkische Biere, die man getrunken haben muss

ISBN 978-3-7408-1835-7

Michael Horling

111 Orte in und um Schweinfurt, die man gesehen haben muss

ISBN 978-3-7408-1302-4

Martin Droschke

111 Kirchen in Franken, die man gesehen haben muss

ISBN 978-3-7408-1468-7

Tim Frühling

111 Orte an Main und Kinzig, die man gesehen haben muss

ISBN 978-3-7408-1345-1

Bernhard Horsinka,
Renate Bugyi-Ollert
111 Orte in und um Würzburg die man gesehen haben muss
ISBN 978-3-7408-1343-7

Dietmar Bruckner, Michaela Moritz
111 Orte in der Fränkischen Schweiz, die man gesehen haben muss
ISBN 978-3-7408-1089-4

Kerstin Söder
111 Orte im Fränkischen Seenland, die man gesehen haben muss
ISBN 978-3-7408-1072-6

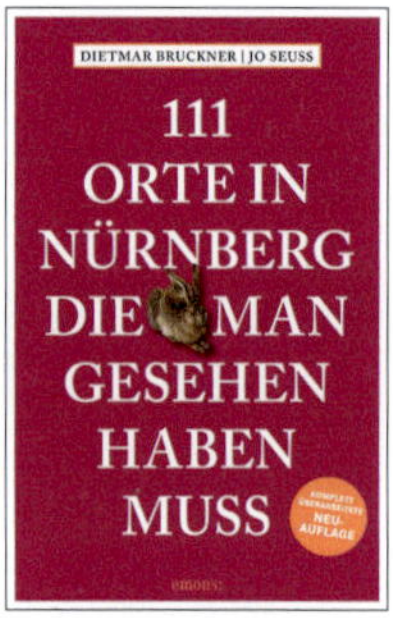

Dietmar Bruckner, Jo Seuß
111 Orte in Nürnberg, die man gesehen haben muss
ISBN 978-3-7408-1019-1

Werner Schwanfelder
111 Orte in Mittelfranken, die man gesehen haben muss
ISBN 978-3-7408-1171-6

Bernd Schinner
111 Orte im Fichtelgebirge, die man gesehen haben muss
ISBN 978-3-7408-0741-2

Jo Seuss
111 Orte in Fürth & Erlangen, die man gesehen haben muss
ISBN 978-3-7408-0724-5

Oliver Ultsch
111 Orte in und um Coburg, die man gesehen haben muss
ISBN 978-3-95451-923-1

Annabelle Fagner
111 Orte im Loisachtal, die man gesehen haben muss
ISBN 978-3-7408-1683-4

Ranka Keser
111 Orte in der Hallertau, die man gesehen haben muss
ISBN 978-3-7408-1379-6

Martin Droschke
111 Kirchen in der Oberpfalz, die man gesehen haben muss
ISBN 978-3-7408-1629-2

Evelyn Pschak von Rebay
111 Mal sauguad essen in München
ISBN 978-3-7408-1354-3

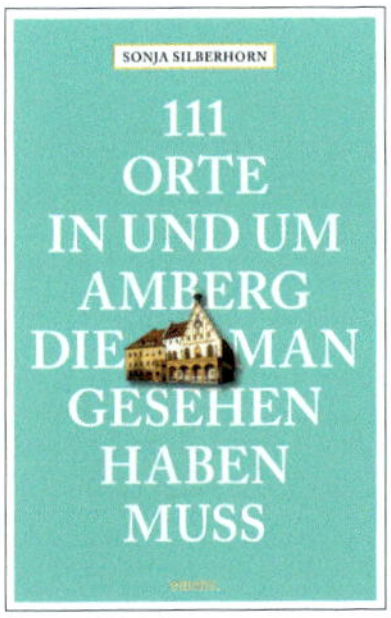

Sonja Silberhorn
111 Orte in und um Amberg, die man gesehen haben muss
ISBN 978-3-7408-1463-2

Christian Gehl
111 Badeplätze in und um München, die man kennen muss
ISBN 978-3-7408-1423-6

Dorothea Steinbacher
111 Wallfahrtsorte in Oberbayern, die man gesehen haben muss
ISBN 978-3-7408-1284-3

Christoph Schrahe, Stefan Herbke, Thomas Biersack
111 Skipisten, die man gefahren sein muss
ISBN 978-3-7408-1600-1

Martin Droschke
111 Biere aus Altbayern und Bayerisch-Schwaben, die man getrunken haben muss
ISBN 978-3-7408-1069-6

Erwin Ulmer
111 Orte in Oberschwaben, die man gesehen haben muss
ISBN 978-3-7408-0860-0

Norbert Jung, Jahrgang 1967, ist promovierter Kirchenhistoriker und Domkapitular im Erzbistum Bamberg. Seit 2020 ist er Leitender Pfarrer in Ansbach.

Harry Luck, Jahrgang 1972, ist Journalist und Autor. Er studierte Politikwissenschaften und verantwortet seit 2012 die Öffentlichkeitsarbeit im Erzbistum Bamberg.

Dominik Schreiner, Jahrgang 1992, studierte in Bamberg Kommunikationswissenschaft. Er arbeitet als Fotograf und Redakteur beim Erzbistum Bamberg.